Standardmerkmale des Zwergschnauzers

(Auszüge aus dem gültigen FCI-Standard)

Größe

Hündinnen und Rüden 30 bis 35 cm. Zu kleine und zwergenhafte Hunde sind nicht typisch und nicht erwünscht.

Rute

Hoch angesetzt, naturbelassen.

Hinterhand

Schräg gestellt, parallel verlaufend. Hinterbeine mäßig lang, Oberschenkel kräftig bemuskelt. Sprunggelenk ausgeprägt gewinkelt und stabil.

Körper

Mäßig breite Brust, tief mit deutlicher Brustbeinspitze, bis zu den Ellenbogen reichend, Flanken leicht aufgezogen. Rücken kräftig und kurz, nach hinten leicht abfallend; kurze, kräftige Lenden, Widerrist höchster Punkt. Länge des Hundes seiner Höhe entsprechend.

Farben

Rein schwarz mit schwarzer Unterwolle, pfeffersalz, rein weiß mit weißer Unterwolle, schwarzsilber. Letzteres ist reinschwarz mit silberfarbenen Abzeichen an Augenbrauen, Bart, Kehle, Brust, am vorderen Mittelfuß, der Innenseite der Hinterbeine, an Pfoten und After.

Pfoten

Kurz und rund, mit eng aneinanderliegenden Zehen, dunklen Krallen und derben Ballen. Nach vorne gerichtet.

Zwergschnauzer

◇

Lee Sheehan

Inhaltsverzeichnis

PraxisRatgeber Zwergschnauzer

ISBN 3-933 646-17-0
bede-Bestell-Nr. PR 064

bede

78

Die Erziehung Ihres Zwergschnauzers

Charlotte Schwartz
Erfahren Sie, wie wichtig die Erziehung des Zwergschnauzers ist, angefangen von der Stubenreinheit über die Entwicklung des Junghundes bis hin zu den Gehorsamsübungen („Sitz", „Bleib", „Platz" usw.)

148

Ihr Zwergschnauzer auf Ausstellungen

Lernen Sie die Welt der Hundeausstellungen mit ihren verschiedenen Typen von Ausstellungen kennen und wie aus einem Hund ein Champion wird. Erfahren Sie darüber hinaus etwas über Ausbildungen und Prüfungen.

FOTONACHWEIS

Alice van Kempen   Dwight R. Kuhn
Norvia Behling   Dr. Dennis Kunkel
T. J. Calhoun   Phototake
Doskocil   Antonio Philippe
Isabelle Francais   Jean Claude Revy
James Hayden-Yoav   Skansen Kennel
James R. Hayden, RBP   Dr. Andrew
Carol Ann Johnson   Spielman
Bill Jonas   C. James Webb

Illustrationen Renée Low
Titelbild: Paula Heikkinen-Lehkonen

142

Ihr älterer Zwergschnauzer

Erkennen Sie erste Alterserscheinungen am Befinden und Verhalten. Erstellen Sie mit Ihrem Tierarzt ein altersbezogenes Vorsorgeprogramm und machen Sie sich mit den letzten Entscheidungen vertraut.

© Copyright 2001
Animalia Books S.L.

© Copyright 2002
bede-Verlag GmbH
Ruhmannsfelden

Fachliche Mitarbeit:
Katharina Schlegl-Kofler

Lektorat:
Cornelia Giesen

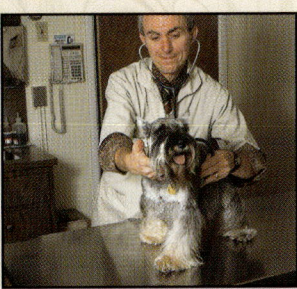

103

Die Gesundheitsvorsorge für Ihren Zwergschnauzer

Dieses Kapitel informiert über Impfungen, Hautprobleme, innere und äußere Parasiten sowie über medizinische und Verhaltensbesonderheiten der Rasse. Außerdem enthält es einen speziellen Abschnitt über Augenerkrankungen.

Der Autor dankt Ruth Paperth, Carol Ann L. Patterson, Juan Manuel Lopez Rodriguez, Lorraine Rogicki, dem „Skansen" Zwinger und allen Besitzern der in diesem Buch abgebildeten Hunde.

Zwischen amerikanischen und europäischen Zwergschnauzern gibt es einige Unterschiede. Die linke Abbildung zeigt den europäischen Typ, die untere Abbildung den amerikanischen.

Die Geschichte des Zwergschnauzers

Lernen Sie den Zwergschnauzer kennen

Der Zwergschnauzer! Sein Name lässt schon einiges über seine Verwandtschaft vermuten – er könnte die verkleinerte Ausgabe einer größeren Rasse – dem Schnauzer, also einer deutschen Hunderasse mit einer besonders auffälligen Behaarung am Fang – sein. Er ist tatsächlich die Miniaturausgabe des Schnauzers, eines robusten deutschen Gebrauchshundes. Beide Rassen sind leicht an ihrer gepflegten Erscheinung, dem klassischen Ausdruck, dem üppigen Bart um den Fang und den langen Haaren an den Augenbrauen zu erkennen.

In Deutschland gehört der Zwergschnauzer zur Gruppe der Pinscher und Schnauzer, in den USA dagegen wird er den Terriern zugerechnet. In welche Gruppe er auch immer eingeteilt wird, er ist ein erstklassiger Begleithund und auf der ganzen Welt beliebt. Da sein Haar regelmäßig getrimmt werden muss, damit er sich in seiner typischen Schnauzer-Erscheinung präsentieren kann, ist er

vielleicht nicht für jeden der richtige Hund. Die Fellpflege ist aufwendig und der regelmäßige Besuch in einem Hundesalon teuer. Wer jedoch einen lebhaften Hund sucht, der seiner Familie zugetan und ihr ein treuer Begleiter ist, für den könnte er der richtige Hund sein. Haben Sie Ihr Herz und Heim erst einmal einem Zwergschnauzer geschenkt, werden Sie – so wie es auch den Haltern der meisten anderen Rassen passiert – Ihr Leben lang ein Anhänger dieser Rasse bleiben.

Die Entstehung der Rasse

In der Geschichte der Hunde ist der Zwergschnauzer eher eine junge Rasse. Seine Ursprünge reichen jedoch bis in die achtziger Jahre des 19. Jh. zurück. So ist die Rasse doch schon ein gutes Jahrhundert alt. Aus dem Schnauzer entwickelten sich in Deutschland zwei Rassen – der Riesen- und der Zwergschnauzer. Der Schnauzer, ein stämmiger Gebrauchshund, war auf den deutschen Bauernhöfen schon weit vor dem Beginn seiner Rassegeschichte ein gewohntes Bild. Bereits

Wussten Sie schon?

Tom Horner schrieb in seinem Buch *Terriers of the World*: „ In Amerika gehört der Zwergschnauzer zur Gruppe der Terrier und ist in der Tat die zahlenmäßig größte Rasse darin – ich zähle diese Rasse jedoch nicht zu dieser Gruppe, da ich fest der Meinung bin, dass sie keine Terrierrasse ist. Sie haben nicht die Instinkte eines Terriers – sie sind charmante kleine Hunde mit ganz anderen Eigenschaften als denen der sportlichen Terrier."

1492 porträtierte Albrecht Dürer einen Hund in seinem Gemälde „Madonna mit den vielen Tieren", der den heutigen Schnauzern sehr ähnlich sieht. Im 17. Jahrhundert tauchte auf einem Bild des großen holländischen Meisters Rembrandt ebenfalls ein Schnauzerähnlicher Hund auf. Die planmäßige Zucht des Schnauzers begann um 1880. Die erste Ausstellung für diese Rasse fand aber erst 1890 statt, nachdem mit der Aufstellung eines Rassestandards

begonnen worden war. Man geht davon aus, dass die Ahnen des Schnauzers aus Kreuzungen von Pudel und Wolfsspitz entstanden. Möglicherweise waren noch einige Deutsche Pinscher dabei. Kleinere Schnauzer-Schläge existierten schon immer, wurden aber noch nicht selektiert, sondern in der Zucht als rauhhaarige Pinscher mit Affenpinschern gekreuzt. Erst gegen Ende des 19. Jahrhunderts begann J. Berta, der damalige Vorsitzende des Pinscher Klubs, gezielt Hunde aus der Masse der Zwergpinscher zu selektieren, die seinem Ideal eines kleinen Abbilds des Schnauzers entsprachen. Hier erfolgte unter seiner Richtertätigkeit eine klare Trennung der rauhhaarigen Pinscher, die erst ab 1910 auch offiziell als Zwergschnauzer eingetragen wurden. Einige Autoren sind der Meinung, dass auch der Brüsseler Griffon und der Zwergspitz zu einem kleinen Teil an der Entstehung des Zwergschnauzers beteiligt waren. Denn um die charakteristischen Eigenschaften in ihrer kleinen Rasse zu verankern, sollen die Züchter verschiedenste Kreuzungen ausprobiert haben.

Der Zwergschnauzer in Deutschland

1898 wurde der erste registrierte Zwergschnauzer, Jocco Fulda Liliput, geworfen. Ein früher Kupferstich zeigt, dass Jocco noch sehr einem Affenpinscher ähnelte. In der ersten Zeit gab es Würfe, bei denen die Welpen zum Teil als Zwergschnauzer, als Affenpinscher und als Zwergpinscher registriert wurden.

Prinz vom Rheinstein, der 1903 geboren wurde und auf den die meisten Ahnentafeln amerikanischer Schnauzer zurückgehen, war Vater dreier Champions. Einer dieser Champions war die Hündin Ch. Perle v. d. Goldbach. Perle wurde mit ihrem Vater gepaart und brachte den Black-and-Tan-farbenen Champion Gift Chemnitz-Plauen hervor.

Gift, der Grundstein des Zwingers „Chemnitz-Plauen", wurde Vater von acht Champions. Er galt als sehr typvoller Hund mit starken Knochen, einem guten Haarkleid und einem hervorragenden Kopf. Sein Wesen und Temperament waren vorzüglich. Ch. Trumpf Chemnitz-Plauen, ein Sohn von Gift, war der Vater von Linus, der 1915 geworfen wurde. Sein Vollbruder Heinerle wurde 1919 geboren und Kalle Chemnitz-Plauen wurde ein Schweizer Champion. Falls ein Stammbaum weit genug zurückverfolgt werden kann, gehen fast alle amerikanischen Schnauzer auf diese Hunde zurück.

Der Zwergschnauzer in Amerika

Der Zwergschnauzer kam 1923 in die USA. Dort hatte er einen Vorsprung von fünf Jahren, bevor die Rasse nach England exportiert wurde. W. D. Goff of Concord aus Massachusetts importierte die ersten beiden Hunde. Innerhalb der nächsten zehn Jahre wurden 108 Schnauzer, fast alle davon aus Deutschland, importiert. 1924 schickte Rudolph Krappatsch Marie Slattery vier Zwergschnauzer für ihren Zwinger Marienhoff. Diese Hunde bildeten in den USA nicht nur den Grundstock

Das Kupieren der Ohren

Beim Kupieren wird das Hängeohr operativ „in Form" gebracht und dazu trainiert, aufrecht zu stehen. Ursprünglich diente das Kupieren dazu, die Ohren vor Bissen und anderen Verletzungen zu schützen. Bei Hundekämpfen hatten die Gegner weniger Möglichkeiten, sich in dem anderen Hund zu verbeißen. Aber auch kosmetische Gründe werden für das Kupieren angeführt, weil es den Hunden einen sehr feinen Ausdruck verlieh. Glücklicherweise ist diese barbarische Tradition heute u. a. in England und Deutschland verboten und kupierte Hunde dürfen nicht mehr ausgestellt werden. In Amerika dürfen dagegen sowohl kupierte wie auch unkupierte Hunde ausgestellt werden. Unkupierte Hunde sind in den Ringen aber nur selten zu sehen. Amerikanische Züchter bevorzugen immer noch kupierte Ohren, weil sie in der Zucht über Generationen nicht auf die Form der Ohren geachtet haben.

Der berühmte Capt. Nash war von Schnauzern begeistert und besaß viele Champions. Er war einer der Hundeliebhaber, denen die frühe Popularität der Schnauzer in Großbritannien Anfang der dreißiger Jahre zu verdanken ist.

paaren von Hunden einer Linie, also Mutter und Sohn, Großvater mit Enkelin usw.

Der nächste wichtige Hund war Flieger Heinzelmännchen, den Leda Martin importierte. Er war recht klein und grau. Seine Ahnentafel zeigt eine gute Mischung aus Cuno-Töchtern. Aus diesen Anfängen wurde 20 Jahre später ein Ausnahmehund geboren. Ch. Dorem Display war eine Mischung aus den Nachkommen von Ch. Cuno und Flieger. 32 Linien von Dorem Display gingen auf Cuno und zwölf auf Flieger zurück. Selten hatte ein einziger Hund einen derartigen Einfluss auf eine Rasse wie Dorem Display auf die Zwergschnauzern.

In der Zwischenzeit wurden Schnauzer und Zwergschnauzer in den USA in der „Working Group" unter dem Namen „Wirehaired Pinscher" (zu deutsch: Rauhaarpinscher) ausgestellt. Es wurde auch der nationale Klub mit dem Namen „The Wire-haired Pinscher Club of America" gegründet. 1927 wurden

für diese Zuchtstätte, sondern für die Rasse überhaupt. Aus dieser Zucht stammten über hundert Champions, und die Besitzerin, Marie Slattery, galt als Matriarchin der Rasse. Zwei ihrer Importe hatten weitreichende Auswirkungen auf die Rasse. Das waren Ch. Amsel v.d. Cyriaksburg, geboren 1921, und Ch. Cuno v. Borgstadt. Er wurde 1927 importiert und war Vater von 14 Champions. Mit Cuno wurde intensive Linienzucht auf Gift, Linus und Heinerle betrieben. „Linienzucht" heißt in diesem Zusammenhang das Ver-

Etwas zur Geschichte

In Bezug auf die Geschichte der Schnauzer schrieb John F. Gordon: „Wie bei allen Rassen waren früher nachlässige Rassebezeichnungen, oberflächliches Geplauder, pure Ignoranz und eine allgemein gleichgültige Haltung gegenüber solchen Fragen weit verbreitet, was die Forschungsarbeit schwierig und häufig sogar unmöglich machte. Darüber hinaus waren Aufzeichnungen über Würfe, sofern sie überhaupt gemacht wurden, oft sehr unsystematisch und somit unbrauchbar."

noch immer beide Rassen zusammen ausgestellt, der Klub wurde jedoch in „The Schnauzer Club of America" umbenannt. Auch die erste Spezialzuchtschau fand in diesem Jahr statt. 1933 wurde die Trennung der beiden Rassen beschlossen. Der Schnauzer blieb in der „Working Group", der Zwergschnauzer gehörte ab sofort zur „Terrier Group". Außerdem wurde beschlossen, dass der Zwergschnauzer einen eigenen Klub bekommen sollte und so gründete man den „American Miniature Schnauzer Club". Von allen Rassen der Terriergruppe in den USA (und das sind über zwei Dutzend) ist der Zwergschnauzer die Einzige, die nicht aus Großbritannien stammt. Obwohl auch er ein ausgezeichneter Rattenjäger ist, ist er weniger aggressiv und leichter auszubilden als die meisten Terrier-Rassen. Auch ist er menschenbezogener als seine entfernt verwandten britischen Vettern. Im Bereich der FCI – also in England und auf dem europäischen Festland – gehört die Rasse nicht zu den Terriern,

Der Schnauzer

Der Schnauzer ist die älteste der drei Schnauzerrassen und war die Ausgangsbasis für die beiden anderen. Er ist ein mittelgroßer Hund mit einer Höhe von etwa 50 cm und einem Gewicht von circa 15 kg. Er ist kräftig und groß genug, um seinen Besitzer zu beschützen und klein genug für die Haltung im Haus. Er ist ein guter Fährtenhund, der genau arbeitet und einen starken Willen hat. Auch als Behindertenbegleithund ist er gut geeignet.

Der Riesenschnauzer

Der Riesenschnauzer wurde ursprünglich als Treibhund für Rinder und Schafe verwendet und schließlich sehr erfolgreich als Schutzhund eingesetzt. Mit ihrem ausgeprägten Wach- und Schutzinstinkt gehörten die Riesenschnauzer rasch zu den bevorzugten Rassen bei Polizei und Wachdiensten. Auch im 2. Weltkrieg wurden sie für Schutz- und Wachaufgaben verwendet.

Dort fand Dorothy Williams die Grundlage für ihre Zucht mit ihrem Zwinger Dorem, der schließlich 40 selbst gezüchtete Champions, den großartigen Champion Dorem Display eingeschlossen, hervorbrachte. Dessen Blut beeinflusst die Rasse bis heute. Frau Williams kaufte Jill of Wollatan und paarte sie mit Ch. Jeff of Wollatan. Daraus stammten Dorem Diva und Dorem Dilettante. Ch. Dorem Diva wurde von Ch. Timothy of Sharvogue der Briggs gedeckt und brachte Ch. Dorem Escapade hervor. Diese wiederum sollte Displays Großmutter väterlicherseits werden. Display und seine Wurfschwester Ch. Dorem Shady Lady wurden die Begründer des bekannten Phil-Mar Zwingers.

Display, der 1945 geboren wurde, hatte einen stromlinienförmigen Körperbau, was bei den Richtern im Terrier-

Auf diesem Foto mit der Überschrift „Ein Schnauzer im Filmland" posiert Filmstar Astrid Allwyn mit Ch. Gretchen an ihrer Seite in einem Park.

sondern zur Gruppe der Pinscher und Schnauzer.

Zwischen 1930 und 1950 waren Dr. Briggs und seine Frau mit ihrem Zwinger Sharvogue sehr bedeutend. Auf der Westminster Kennel Club Show wurde ihr Ch. Sandman of Sharvogue zwei Mal Rassenbester. 1946 war er der erste Zwergschnauzer, der an dieser angesehensten aller amerikanischen Ausstellungen teilgenommen hat. Er brachte fünf Champions hervor. Sein erfolgreichster Sohn, Ch. Tweed Packet of Wilkern, war seinerseits Vater von 15 Champions.

Die Marienhoff-Linie und ihre „Stars"

Ch. Marko v. Beutenberg wurde mit Mehitable of Marienhoff II gepaart und brachte drei Champions hervor:

• Ch. Mussolinin of Marienhoff war der erste Zwergschnauzer, der beim *Obedience* die *Novice Class* gewann.

• Ch. Mehitable of Marienhoff III wurde der erste unkupierte Gruppensieger in den USA.

• Ch. Marla of Marienhoff war der erste amerikanisch gezüchtete Zwergschnauzer, der über zehn Champions zeugte – ein Rekord. Letztlich brachte er es auf 13 Champions, genau wie sein Großvater Ch. Cuno v. Borgstadt.

Top-Zuchthündinnen waren. In ihrem ersten Wurf war Ch. Phil-Mar Watta Lady, die wiederum mit Ch. Dorem Temp, einem Enkel von Display, verpaart wurde. Daraus ging Ch. Phil-Mar Lucky Lady hervor, die 1954 der siegreichste Zwergschnauzer war, einige Male Best in Show und einmal Best of Breed in Westminster wurde. Sie war die Mutter von Ch. Phil-Mar Lugar. Lugar brachte 26 Champions hervor und wurde 1960 Rassenbester auf der wichtigsten amerikanischen Schau für alle Terrierrassen im Montgomery County Kennel Club.

Dan Kiedrowski, ein sehr bekannter Zwergschnauzerliebhaber, war fast vierzig Jahre lang der Herausgeber der „Schnauzer Shorts", eines amerikanischen Rassemagazins. Außerdem hat er ein hervorragendes Buch über den

Ein typischer Brüsseler Griffon, Ch. Copthorne Talk o'the Town auf einem Gemälde von Vernon-Stokes. Den ersten Zwergschnauzer-Züchtern dienten Kreuzungen mit Griffons der Verbesserung bestimmter Eigenschaften ihrer Hunde.

Bruno, ein berühmter Zwergschnauzer der späten zwanziger Jahre, 1930 gemalt von Scott Langley.

ring gern gesehen war. Er wurde fast 14 Jahre alt. Er war nicht nur ein hervorragender Zuchthund, sondern auch ein ständiger Sieger auf Ausstellungen und wurde als erster seiner Rasse Bester einer Ausstellung („BIS"). Seine Schwester, Shady Lady, kam zum Phil-Mar Zwinger und wurde dort mit Dorem Dominant gepaart. Die Besitzerin dieser Zucht, Frau Wolff, erkannte ihre Qualitäten sofort. Sie bemerkte, dass Shady Lady anders war als ihr Bruder, „sie war kurz, kompakt und eine kraftvolle Hündin mit einer ausgezeichneten Hinterhandaktion... sie war sehr hübsch, liebenswert und eine wundervolle Mutter, außerdem arbeitete sie brilliant und erreichte die Auszeichnung „CD" beim Gehorsam nach nur sechs Wochen Training." Sie hatte drei Töchter, die ihrerseits

"Bruno"

Zwergschnauzer

Ein sehr bekannter Schnauzer-Deckrüde war Bruno v. d. Secretainerie von Mrs. Kavanagh.

Zwergschnauzer und den Einfluss von Dorem Display und Dorem Shady Lady auf die Rasse geschrieben. Dieses Buch ist sehr empfehlenswert, wenn man sich intensiver mit der Rassegeschichte in Amerika beschäftigen möchte.

In den sechziger Jahren waren zwei Hunde aus dem Mankit-Zwinger die großen Sieger. Ch. Mankit`s Signal Go wurde auf der „National Speciality" 1964, 1965 und 1966 Rassenbester und zweiter Gruppensieger 1964. Außerdem war er der Vater von 21 Champions. Er hatte einige berühmte Söhne. Ch. Mankit`s Bang Bang wurde Vater von sieben Champions, Ch. Mankit`s Dashing Dennis zeugte acht.

Sein Sohn Ch. Mankit`s to the Moon war Vater von 11 Champions und wurde 1968 und 1969 im Montgomery County Kennel Club Best in Show. In den siebziger Jahren sorgte Sky Rocket Kennel of Judie von Frank Ferguson mit ihrem Handler Joan Huber für Schlagzeilen. Ch. Sky Rockets Uproar wurde in Montgomery 1971 Best of Breed. 1973 und 1974 war Ch. Sky Rockets Bound to Win dort Rassenbester und Dritter der Gruppe. Ch. Sky

Rocket Uproar hatte unter seinen Nachkommen 35 Champions, Ch. Sky Rocket Bound to Win immerhin 25. Ch. Skyline Blue Spruce aus Carol Parkers Skyline-Zwinger war 1975 in Momtgomery Rassenbester und Vater von 55 Champions. 1977 wurde Skyline Star Spangled Banner in Montgomery Best of Breed und Gruppenzweiter, 1983 und 1984 gelang dies Skyline Storm Signal.

Landis und Penny Hirstin waren über Jahre vertraute Figuren im Ring der Zwergschnauzer. Nicht nur als Züchter von Spitzenschnauzern, sondern auch als Handler vieler Terrier. Ihre Zucht dominierte unter dem Namen Penlan die siebziger Jahre. Ch. Penlan Paragon brachte 11 Champions hervor, sein Sohn Ch. Penlan Paragon Pride 30. Ch. Penlan Paper Boy, Enkel von Paragon und Sohn von Pride, brachte es auf 44 Champions, Ch. Penlan Checkmate auf 34 Champions. Sein Sohn Ch. Penlan Peter Gunn brachte 73 Champions, einschließlich vier Top-Deckrüden hervor. Dieser Zuchtstätte entstammten über 150 Champions. Dan Kiedrowski schrieb über Paper Boy: „Ich sah Paper Boy das erste Mal als sechs bis neun Monate alten Junghund... er war kompakt und elegant, er übertraf alles und gewann die Konkurrenz mit Leichtigkeit."

Joan Huber war nicht nur eine großartige Handlerin und Hundepflegeexpertin, sondern auch eine hervorragende Züchterin. Ihr Blythewood Zwinger hatte viel Einfluß auf die Rasse. Ch. Blythewood Shooting Sparks wurde mehrfach Best in Show, Sieger einer

"Speciality" und Vater von 53 Champions. Ch. Blythewood National Anthem wurde 1978 Rassenbester in Montgomery und der beste Best in Show-Gewinner aller Rassen. Ch. Blythewood National Newsman gewann die „National Speciality" 1982, Ch. Blythewood Dream Chaser wurde 1989 dort Rassenbester. Ch. Blythewood Storm Damage wurde mehrfach Best in Show und wurde Vater von fünf Champions. Ch. Blythewood Ricochet of La May war Vater von 22 Champions. Joan begann mit der Zucht in den frühen fünfziger Jahren und brachte rund 200 Champions hervor. Valhara Prize of Blythewood, den die Züchter Dr. Harry und Enid Quick kauften, produzierte elf Champions. Darunter auch den Ch. Blythewood Stand Up and Cheer, der der beste Deckrüde aller Zeiten war. Prize wurde niemals ausgestellt und war fast 16 Jahre der Begleiter von Joans Mutter. Dan Kiedrowski bemerkt, dass „Blythewood und Joan Huber bereits seit über vierzig Jahren eine Zuchtstätte sind, die die Welt beständig mit erstklassigem Zuchtmaterial versorgt."

Der Zwergschnauzer in Großbritannien

Als die Rasse in den USA schnell wuchs, ging es in England aus zwei Gründen immer langsamer voran. Die Quarantänebestimmungen waren streng und erforderten eine sechsmonatige Quarantäne für alle nach England importierten Hunde. Und kupierte Ohren wurden in ganz Großbritannien verboten. Fast alle amerikanischen

Gauner v. Eglsee, einer von Capt. Nashs Hunden, war 1929 und 1931 in Deutschland Groß-Champion.

Hunde wurden als Welpen kupiert und auch in Deutschland waren alle kupiert. Douglas Appleton importierte Ch. Rannoch-Dunn Randolph of Appleton, einen amerikanischen Hund mit unkupierten Ohren. Er errang mit ihm 1953 sechs „Challenge Certficates" (CCs). Ch. Rannoch-Dunn Randolph of Appleton deckte Doren Crowe`s Deltone Delilah, daraus ging Ch. Deltone Appleton Doughboy hervor, der sechs CCs gewann. Doughboys Nachkommenschaft dominierte in den sechziger Jahren alle Klassen. Über einen Zeitraum von 20 Jahren, bis 1973, kamen aus dem Deltone-Zwinger 18 Champions und 27 Champions hatten einen Deltone-Vater oder -Mutter. Doughboy war wahrscheinlich der erste Zwergschnauzer in England, der seine Nachkommenschaft mit einem einheitlichen Typ prägte. In den sechziger und siebziger Jahren waren Douglas Appleton und Morrison Bell mit dem Eastwright-Zwinger sehr aktiv und so wuchs die Popularität des Zwergschnauzers in England.

Die Fellfarben

Beim Zwergschnauzer gibt es vier Fellfarben: Pfeffersalz, schwarz (nur diese beiden gibt es auch beim Schnauzer und Riesenschnauzer), schwarzsilber und reinweiß. In Deutschland werden alle Farben miteinander gewertet und einer wird Rassenbester; in anderen Ländern wird jede Farbe einzeln gerichtet, so dass es im Ring vier Rassenbeste gibt. In den USA werden alle Farbschläge untereinander verpaart, während sie in den meisten anderen Ländern – so auch in Deutschland – reingezüchtet werden.

Ch. Gosmore Opening Batsman stellte mit 24 CCs einen Rekord auf und blieb viele Jahre ungeschlagen. Ch. Gosmore Hat Trick hielt mit 16 CCs für viele Jahre den Rekord bei den Hündinnen. Weitere einflussreiche Hunde waren Ch. Iccabod Chervil, der Vater von sieben Champions war. Einer davon, Ch. Castilla Linajude, gewann 31 CCs, wurde zweimal Best in Show, dreimal Reserve Best in Show, einmal davon 1980 auf der Cruft's Dog Show. Außerdem war er neunmal Gruppensieger. Diese Erfolge trugen viel zur Popularität des Zwergschnauzers bei.

Der Zwergschnauzer weltweit

1962 erreichte die Rasse, mit Ch. Dorem Display in der Ahnentafel, Australien. Dort werden Hunde, wie in England, mit unkupierten Ohren ausgestellt. C. Cerini vom Königlich-Zwinger importierte einige Rüden und Hündinnen aus dem englischen Deltone-Zwinger. Ihre erste Hündin, Aust. Ch. Deltone Desanta Delia war eine von vielen Champions des Königlich-Zwingers. Seit 1960 ist Cerini die beste Züchterin schwarzer Zwergschnauzer in Australien. Andere erwähnenswerte Züchter in diesem Land waren J. Rees mit ihrem Casa Verde-Zwinger, deren Hunde der Grundstock der Zwergschnauzer in Neuseeland wurden, und Marelyne Mac-Leod-Woodhouse mit ihrem Schonhardt-Zwinger. Sie importierte Hunde aus den USA. In den späten achtziger Jahren richtete Dan Kiedrowski die Rasse in Australien. Er berichtete, dass die Qualität der Hunde seine Erwartungen weit übertraf.

Die Zukunft des Zwergschnauzers

Der Zwergschnauzer ist in Kanada, Neuseeland und in Europa weit verbreitet. Außerdem ist er auch in Japan, Südamerika, Südafrika und Taiwan recht beliebt.

Dieser kleine Hund, dessen planmäßige Zucht erst vor knapp einhundert Jahren in Deutschland begann, hat inzwischen auf der ganzen Welt Liebhaber gefunden. In Amerika gehörte er Ende des zwanzigsten Jahrhunderts mit jährlich über 30 000 Zuchtbucheintragungen zu den 15 beliebtesten Rassen. In Deutschland wurden zuletzt jährlich etwa 1 000 Welpen beim Verband für das Deutsche Hundewesen e. V. (VDH) gemeldet, wovon ungefähr 400 schwarzsilber, 350 schwarz, 180 pfeffersalz und 70 rein weiß gefärbt waren.

Der Charakter des Zwergschnauzers

Der Zwergschnauzer ist ein wunderbarer kleiner Hund! Er ist niedlich, klein, aktiv und hat Charakter. Manche „Zwerghunde" wirken zart oder feminin; der Zwergschnauzer ist jedoch trotz seiner geringen Größe ein maskuliner Hund ohne Anzeichen von Furcht oder Scheue. Diese lebhaften Hunde sind immer auf den Beinen und für alles zu haben! Falls Sie einen ruhigen Schoßhund möchten, ist der Zwergschnauzer nicht die richtige Wahl. Der Schnauzer ist sehr ausgeglichen und passt sich dem Familienleben gut an. Ganz gleich, ob er in einem großen Landhaus oder einer Wohnung in der Stadt lebt. Er kommt gut mit Kindern zurecht und wird auch Fremde akzeptieren, nachdem er sie sich genau angesehen hat. Er ist ein selbstbewusster Hund, der zwar keine Rauferei anzettelt, sich aber behauptet, wenn er herausgefordert wird. Der lebhafte, fröhliche und wachsame Hund will seiner Familie gefallen und liebt es, mit ihr zusammen zu sein. Er sprüht vor Lebensfreude und ist beständig in seinem Wesen. Werfen Sie einen Blick auf den Zwergschnauzer und Sie sehen das Blitzen in seinen Augen, das sagt: „Komm, spiel mit mir!" Er ist flink, wachsam und intelligent; mehr noch, er möchte sei-

Die Gattung *Canis*

Hunde und Wölfe sind Mitglieder der Gattung *Canis*. Wölfe tragen die wissenschaftliche Bezeichnung *Canis lupus*, während Hunde als *Canis familiaris* bezeichnet werden. Hunde und Wölfe können sich untereinander paaren. Der Begriff *canis* kommt aus dem Lateinischen und bedeutet hundeartig. Dies ist zwar kein wissenschaftlicher Begriff, er wird aber schon seit tausenden von Jahren benutzt.

nem Besitzer gegenüber gleichberechtigt sein, was für die Ausbildung vielleicht nicht ganz so ideal ist. Wenn Sie zum ersten Mal einen Hund haben, sollten Sie sich der Verantwortung für Ihren neuen Freund bewusst sein. Führen Sie ihn in unbekannten Gegenden an der Leine und zäunen Sie Ihren Garten ein. Läuft Ihr Schnauzer frei neben Ihnen her und es springt ein Eichhörnchen über eine belebte Straße, wird er diesem ungeachtet des Verkehrs instinktiv nachjagen. Des-

Möchten Sie länger leben?

Falls Sie sich ehrenamtlich engagieren möchten, wäre es wundervoll, wenn Sie mit Ihrem Hund einmal in der Woche für einige Stunden ein Altersheim besuchen könnten. Ältere Menschen lieben es, wenn ein Hund sie besucht und so könnte Ihr Hund für einsame Menschen eine Art Kamerad werden. Damit machen Sie nicht nur anderen eine Freude, sondern beschäftigen auch Ihren Hund. Und was wir bisher noch nicht erwähnt haben, ist dass soziales Engagement sich auch für Sie selbst lebensverlängernd auswirken kann!

halb sollte er einen Grundgehorsam haben. Er sollte lernen, auf Kommando zu sitzen, zu Ihnen zu kommen und sich gesittet zu benehmen.

Der Zwergschnauzer ist leicht als die englischen Terrierrassen auszubilden. Wenn Sie konsequent sind, wird Ihnen das Training mit Ihrem Hund Spaß machen. Bei Obediencewettbewerben ist die Rasse erfolgreich, seit es diese Sport-

art gibt. In den USA war Ch. Mein Herr Schnapps der erste Zwergschnauzer, der ein „Utility Degree" erreichte. Sein Besitzer schrieb: „Ein ausgebildeter Hund ist eine Freude!" Seit den fünfziger Jahren waren hier viele amerikanische Zwergschnauzer erfolgreich. Auch in Deutschland gibt es die Möglichkeit, den Hund in dieser Sportart auszubilden. Aber es gibt auch noch einige andere Ausbildungsmöglichkeiten.

Außer für Obedience ist der Schnauzer auch sehr gut für Agility geeignet. Dieser Sport kommt aus England und erreichte weltweit eine gewaltige Popularität, insbesonders in den USA, wo sich britische Trends besonders verbreiten. Die Hunde lernen dabei, einen Parcours mit Hürden, Laufstegen, Tunneln und vielen anderen Herausforderungen zu überwinden. Nicht nur der Hund wird diese Herausforderung genießen, auch für den Besitzer ist es ein gutes Fitnesstraining!

Gesundheitsprobleme beim Zwergschnauzer

Die meisten Hunderassen haben rassespezifische Gesundheitsprobleme, da macht auch der Zwergschnauzer keine Ausnahme. Als zukünftiger Besitzer sollten Sie sich dieser Probleme bewusst sein. Denken Sie daran, Ihren Welpen bei einem verantwortungsvollen Züchter zu kaufen und zu fragen, ob Gesundheitsprobleme in seiner Linie aufgetreten sind. Die Zuchtauflagen sind in Deutschland sehr streng und es darf nur mit gesunden Hunden gezüchtet werden. Leider gibt es aber noch nicht für alle Erbkrankheiten zuverlässige Tests, so dass auch der Nachwuchs von vermeindlich gesunden Eltern belastet sein kann.

Morbus Perthes

Diese Knochenerkrankung befällt hauptsächlich Zwergschnauzer und kurzbeinige Terrier aus Schottland (wie den Scottish und den Cairn Terrier), sowie auch den Menschen. Es ist keine Erbkrankheit, sondern wird durch eine Verletzung oder möglicherweise durch Ernährungsfehler verursacht. Die Krankheit tritt im Alter von vier bis zehn Monaten auf und ist sehr schmerzhaft. Der Hund kann dabei auf einem oder beiden Hinterbeinen lahmen und es kann eine Muskelschwäche der Beine auftreten. Für diese Krankheit gibt es verschiedene Behandlungsmöglichkeiten. Darüber sollten Sie mit Ihrem Tierarzt sprechen.

Die Pulmonalstenose

Bei dieser angeborenen Herzerkrankung ist die Verbindung zwischen der rechten Herzkammer und der Pulmonalarterie verengt. Viele Hunde leben damit, ohne je Anzeichen einer Herzerkrankung zu zeigen. Falls der Defekt stark ausgeprägt ist, kann der Tierarzt eine Ballondilatation vornehmen, die in über 70 % der Fälle zum Erfolg führt.

Mensch und Hund

Seitdem Hunde über Jahrhunderte reingezüchtet wurden, haben sich Aussehen und Eigenschaften mehr und mehr den jeweiligen Bedürfnissen des Menschen wie Jagd, Apportieren, Fährtensuche, Beschützen und Wärmen, ausgerichtet. Während der letzten 150 Jahre wurden Hunde sowohl nach ihrem Aussehen als auch nach ihren Eigenschaften bewertet. Einige Rassen können dabei mit einer genialen Balance von Aussehen, Leistungsfähigkeit und Wesen aufwarten.

Das „Schnauzer Comedo Syndrom"
Dabei handelt es sich um eine besondere Art der follikulären Dermatitis, die bei dieser Rasse so häufig auftritt, dass sie nach ihr benannt wurde. Schnauzer-Welpen können auch an einer Achalasie, einem Defekt an der Speiseröhre, leiden, der das Füttern erschwert. Die Fortpflanzungsorgane der Schnauzer werden gelegentlich von Pseudohermaphroditismus und Kryptorchismus betroffen.

Augenerkrankungen
Zwergschnauzer neigen zu den verschiedensten Augenerkrankungen: verzögert auftretende oder angeborene Katarakte (Grauer Star), Progressive Retina Atrophie (PRA) und *Suddenly Acquired Retinal Dystrophy* (SARD).

Katarakt (Grauer Star)
Beim Katarakt kommt es zu einer milchig weißen Trübung der Linse. Dabei können eine oder mehrere Trübungen von unterschiedlicher Form und Größe auftreten. Das Ausmaß der Beeinträchtigung des Sehvermögens hängt, wie beim Menschen auch, von der Größe und der Stelle des Katarakts ab. Verzögert auftretende Katarakte zeigen sich bei erwachsenen Hunden zwischen 18 und 24 Monaten. Aktuelle Forschungen haben ergeben, dass diese Krankheit genetisch bedingt zu sein scheint, sich jedoch von anderen erblich bedingten Katarakten unterscheidet. Angeborene Katarakte nannte man früher angeborene juvenile Katarakte, weil sie schon beim Fötus vorhanden und mit einer Spaltlampe be-

reits bei sehr jungen Welpen sichtbar sind. Der „American Parent Club" arbeitet bereits seit den sechziger Jahren an diesem genetischen Problem, um die Rasse davon zu befreien.

Progressive Retina Atrophie (PRA)
Die PRA bewirkt eine allmähliche Verringerung der Sehkraft durch den Schwund der Retina und führt zur völligen Erblindung. Das ist eine komplizierte und ernste Erkrankung. Zwergschnauzerzüchter auf der ganzen Welt arbeiten engagiert daran, diese Krankheit zu eliminieren.

SARD
Auch SARD führt durch schnellen Netzhautschwund zur Erblindung. Die Forschung auf diesem Gebiet ist noch relativ jung. Diese Krankheit verläuft anders als die PRA. SARD führt innerhalb weniger Wochen nach ihrem Auftreten zur Erblindung, während dieser Prozess bei der PRA mehrere Jahre dauert. In vorbildlicher Weise hat der amerikanische

> **Eine Sache des Züchters**
> Augenerkrankungen sind für Züchter von Zwergschnauzern sehr besorgniserregend. Über erbliche Katarakte, PRA, RD und Keratoconjunctivitis sicca wurde von Veterinären schon ausführlich berichtet. Ein eher neues Phänomen ist das sogenannte „hot eye", von dem amerikanische Züchter berichten. Dabei erblindet der Hund innerhalb von fünf Tagen. Wird die Krankheit sofort erkannt, kann ein Tierarzt, der damit vertraut ist, sie behandeln. Fragen Sie Ihren Tierarzt danach.

Hauterkrankungen

Ekzeme und Dermatitis treten bei vielen Rassen auf und sind oft schwer zu behandeln. Häufiges Baden entfernt das Hautfett und kann die Erkrankung noch verschlimmern. Auch Allergien gegen Futtermittel oder Substanzen in der Umgebung können solche Probleme auslösen. Lassen Sie sich vom Tierarzt beraten und ziehen Sie auch eine homöopathische Behandlung in Betracht.

Zwergschnauzer-Club 1973 besondere Bestimmungen erlassen. Jeder Züchter, der diese Abmachung unterschreibt, verpflichtet sich, alle seine Welpen mit einer Spaltlampe untersuchen zu lassen. Außerdem müssen diese Züchter jede Hündin und jeden Rüden, der einen Nachkommen mit angeborenen Katarakten oder PRA hat, aus der Zucht nehmen sowie den Untersuchungsbefund und Stammbaum jedes befallenen Hundes in der Klubzeitung des AMSC veröffentlichen.

Umfangreiche Untersuchungen sind auch in Deutschland selbstverständlich. Neben den Augenuntersuchungen und Untersuchungen auf verschiedene Dysplasie-Formen, gehört hier auch ein allgemeiner Gesundheitscheck der Zuchthunde zur Routine.

Obwohl die Liste der Gesundheitsprobleme abschreckend wirken mag, ist der Zwergschnauzer eine robuste Rasse. Die Probleme, die hier erwähnt werden, gibt es bei dieser Rasse und dessen sollte man sich bewusst sein. Aber viele dieser Krankheiten sind sel-

Hunde sind gut für Ihr Herz!

Menschen schaffen sich einen Hund normalerweise als Begleiter an, aber Studien zeigen, dass ein Hund auch die Gesundheit und den Aktivitätsgrad seines Besitzers verbessern kann. Auch das Risiko einer Herzerkrankung kann gesenkt werden. Wer Zeit für Bewegung, Pflege und Fütterung seines Hundes aufwendet, wird sich unbewusst auch mehr seiner eigenen Gesundheit widmen. Hundebesitzer haben meist einen geregelteren Tagesablauf, was wiederum positive Auswirkungen auf die Gesundheit des Menschen haben kann.

Hunde lehren uns auch Geduld und zeigen uns bedingungslose Zuneigung. Sie zeigen uns, wieviel Freude es macht, einen pelzigen Freund als Haustier zu haben!

ten und treten nur in bestimmten Zuchtlinien auf. Wenden Sie sich also nicht von dieser Rasse ab. Denn wenn Sie Ihren Welpen bei einem verantwortungsvollen Züchter kaufen, der diese Probleme kennt, wird er alles tun, um sie in seiner Linie zu vermeiden.

Der Rassestandard des Zwergschnauzers

Für jede Hunderasse gibt es einen Standard. Der Standard vermittelt Züchtern und Richtern ein imaginäres Bild davon, wie der ideale Vertreter einer Rasse aussehen sollte. Das Ziel verantwortungsvoller Züchter ist es, Hunde zu züchten, die diesem Ideal so nahe wie möglich kommen. Demnach soll ein Zwergschnauzer wie ein (mittelgroßer) Schnauzer aussehen und das Wesen, die Veranlagungen und die Intelligenz haben, die auch bei dieser Rasse erwünscht sind.

Standards wurden ursprünglich von Liebhabern aufgestellt, denen die Rasse besonders am Herzen lag. Sie erkannten, dass die Merkmale eines Zwergschnauzers andere waren als für andere Rassen. Man musste dafür sorgen, dass diese Merkmale über Generationen erhalten bleiben. Mit der Zeit bemerkten die Züchter, dass bestimmte Merkmale des Hundes besser beschrieben und definiert werden mussten. So wollten sie sich treffen, um einen neuen Standard

Der Rassestandard ist ein Leitfaden für die Beurteilung und Bewertung der Hunde. Auf Ausstellungen ist der Hund der Sieger, der dem Standard seiner Rasse am nächsten kommt. Hier präsentiert stolz ein Zwergschnauzer seine Pokale.

aufzustellen. Doch kein Standard wird jemals einfach aus einer Laune heraus geändert. Bevor irgendetwas verändert wird, finden erst ernsthafte Überlegungen und ein reger Meinungsaustausch unter den Züchtern statt.

Aus dem FCI-Standard des Zwergschnauzers

Allgemeine Erscheinung Klein, kräftig, eher gedrungen als schlank, rauhhaarig, elegant, das verkleinerte Abbild des Schnauzers, ohne die Mängel zwergenhafter Erscheinung.

Ein typvoller Zwergschnauzer-Kopf.

Verhalten und Charakter Wie der Schnauzer und geprägt durch Temperament und Gebaren eines Kleinhundes. Klug, ausdauernd, unerschrocken und wachsam; Wach- und Begleithund auch für kleine Wohnungen.

Kopf Schädel kräftig und langgestreckt, ohne stark hervortretendes Hinterhauptbein; Stirn flach, verläuft faltenlos parallel zum Nasenrücken. Stop erscheint durch Brauen deutlich ausgeprägt. Augen mittelgroß, oval, nach vorne gerichtet, dunkel, mit lebhaftem Ausdruck, Lider gut anliegend.

Ohren Klappohren, V-förmig, hoch angesetzt, nach vorn in Richtung Schläfe gedreht.

Kiefer und Zähne Kräftig, vollständiges, rein weißes Scherengebiß, kräftig entwickelte Kaumuskulatur ohne ausgeprägte Backen. Fang endet in stumpfem Keil, gerader Nasenrücken.

Lefzen Schwarz, fest und glatt anliegend, Lefzenwinkel geschlossen.

Nasenschwamm Gut ausgebildete Nasenkuppe, stets schwarz.

Hals Muskulös, erhaben gewölbt. Geht harmonisch in Widerrist über. Kräftig aufgesetzt, schlank, edel geschwungen. Kehlhaut liegt straff und faltenlos an.

Körper Obere Profillinie nach hinten leicht abfallend. Widerrist höchste Stelle der Oberlinie. Rücken kurz, kräftig und stramm. Lenden kurz, kräftig und tief. Kurzer Abstand vom letzten Rippenbogen zur Hüfte. Kruppe leicht gerundet, unmerklich in Rutenansatz übergehend. Brust mäßig breit, im Querschnitt oval, bis zu den Ellenbogen reichend, Vorbrust durch Brustbeinspitze markant ausgebildet. Untere Profillinie: Flanken nicht übermäßig aufgezogen, mit Unterseite des Brustkorbs schön geschwungene Linie bildend.

Korrekter Bau der Vorderhand mit geraden, kräftigen Beinen.

Nicht korrekte Vorderhand mit eher nach außen gedrehten als nach hinten zeigenden Ellenbogen.

Vorderhand Vorderläufe stämmig, gerade und nicht eng gestellt. Schultern gut bemuskelt, schräg und gut zurückgelagert. Schulterblatt fest dem Brustkorb anliegend. Oberarm gut anliegend, kräftig und muskulös; Ellenbogen gut anliegend, weder ein- noch auswärts gedreht. Unterarm von allen Seiten gesehen völlig gerade, kräftig und gut bemuskelt. Vorderfußwurzelgelenk stabil, kräftig, sich nur unwesentlich vom Unterarm abhebend. Vordermittelfuß von vorn gesehen senkrecht, von der Seite leicht schräg, kräftig, leicht federnd.

Rute Naturbelassen.

Hinterhand Von der Seite gesehen schräg gestellt, von hinten parallel, nicht eng gestellt. Oberschenkel mäßig lang, breit, gut bemuskelt. Knie weder ein- noch auswärts gedreht; Unterschenkel lang, kräftig, sehnig; Sprunggelenk ausgeprägt gewinkelt, kräftig, stabil, gerade. Hintermittelfuß kurz, senkrecht zum Boden.

Pfoten Kurz und rund, Zehen eng aneinander liegend, Nägel schwarz

Gangwerk Elastisch, elegant, wendig, frei und raumgreifend. Vorderläufe schwingen möglichst weit vor, Hinterhand gibt weit ausgreifend und federnd die erforderliche Schubkraft. Rücken, Bänder und Gelenke sind fest.

Haut Am ganzen Körper eng anliegend.

Haarkleid Drahtig, hart und dicht. Dichte Unterwolle mit nicht zu kurzem gut anliegenden Deckhaar. Deckhaar rauh, weder struppig noch gewellt. Haar an den Läufen nicht ganz so hart. An Stirn und Ohren kurz. Nicht zu weicher Bart am Fang, buschige Augenbrauen, die die Augen leicht überschatten.

Farbe
• rein schwarz mit schwarzer Unterwolle
• pfeffersalz
• schwarzsilber
• rein weiß mit weißer Unterwolle

Pfeffersalz Zuchtziel ist mittlere Tönung mit gleichmäßig verteilter Pfefferung und grauer Unterwolle. Dunkles Eisengrau bis zum Silbergrau zugelassen, mit einer den Ausdruck unterstreichenden dunklen Maske.

Korrekte Hinterhand, von hinten gesehen.

Nicht korrekte, kuhhessige Hinterhand.

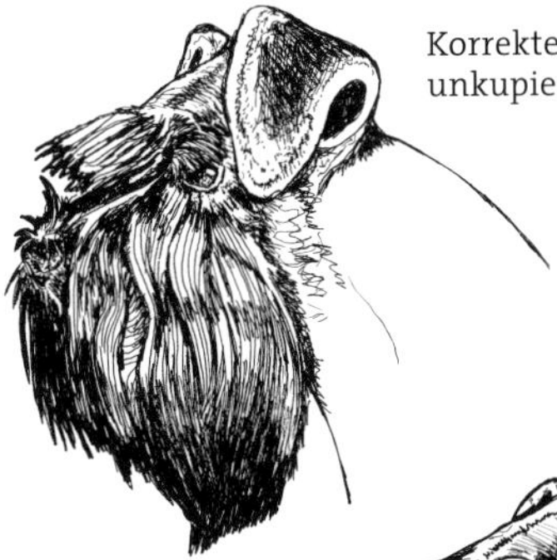

Korrekte Kopfform mit unkupierten Ohren.

Körper zu lang und fehlerhafte Oberlinie.

Unerwünschte römische Nase; Backen zu ausgeprägt.

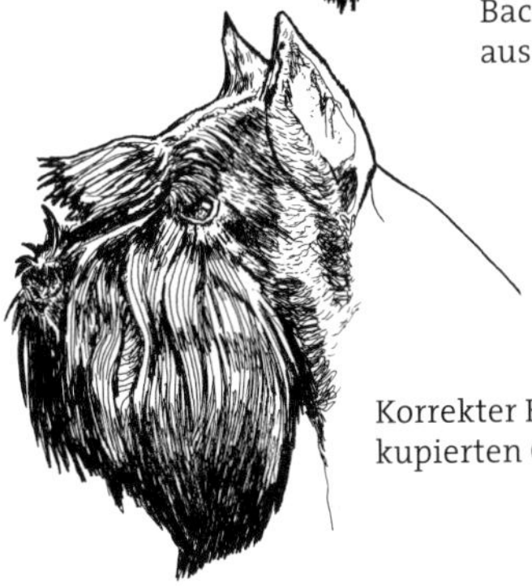

Korrekter Körperbau.

Korrekter Kopf mit kupierten Ohren.

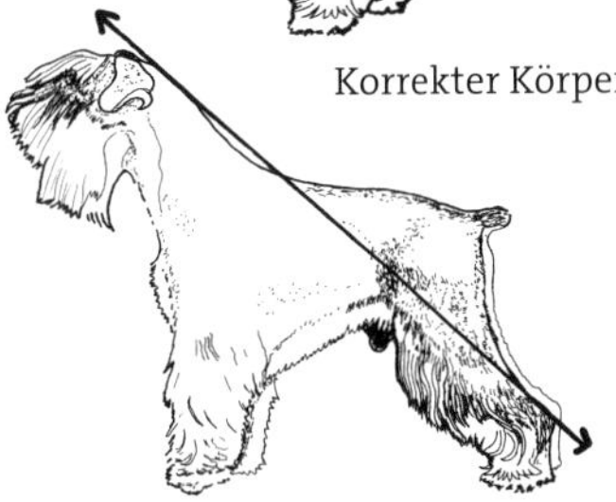

Korrekte Winkelung von Sprunggelenk und Knie, in einer Linie mit der Verlängerung der oberen Nackenlinie.

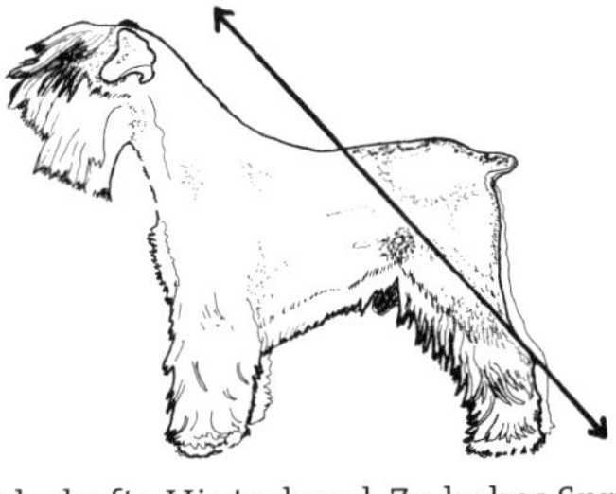

Fehlerhafte Hinterhand. Zu hohes Sprunggelenk, Knie zu steil; durch mangelnde Winkelung ist die Hinterhand überbaut.

27

Zwergschnauzer

Ein niederländischer Zwergschnauzer von feinster Qualität.

Der perfekte Hund

Der Standard, festgelegt von der FCI, beschreibt den idealen Vertreter einer Rasse, die als solche von der FCI und ihren jeweiligen Landesverbänden anerkannt wird. Von Land zu Land kann es dabei in einigen Punkten kleinere Unterschiede geben.

Rassestandards dürfen nicht einfach geändert werden. So wird vermieden, dass der Standard danach ausgerichtet wird, wie die Hunde gerade aussehen. Denn die Zucht einer Rasse soll sich nach dem gültigen Standard richten. Wird ein neuer Standard vorbereitet oder ein bestehender geändert, bezieht sich dieser deshalb immer auch auf Gesundheit und Wohlergehen zukünftiger Hunde.

Schwarzsilber Zuchtziel ist schwarzes Deckhaar mit schwarzer Unterwolle; weiße Abzeichen über den Augen, an den Backen, der Kehle, der Vorderseite der Brust (zwei geteilte Dreiecke), den Pfoten, der Innenseite der Hinterläufe und am After.

Größe und Gewicht Widerristhöhe bei Rüden und Hündinnen 30 bis 35 cm, Gewicht bei Rüden und Hündinnen circa 4,5 bis 7 kg.

Fehler Jede Abweichung von den vorgenannten Punkten muss als Fehler angesehen werden, dessen Bewertung im genauen Verhältnis zum Grad der Abweichung stehen sollte.

Ihr Zwergschnauzer als Welpe

Ist ein Zwergschnauzer der richtige Hund für Sie?

Waren Sie jemals bei einem Freund oder Bekannten, der einen unerzogenen, aufmüpfigen Hund hatte? Diese untrainierte, um Aufmerksamkeit ringende Kreatur springt Sie zur Begrüßung an, hüpft auf Ihren Schoß, reitet auf Ihrem Bein auf und noch einiges mehr. Der Besitzer tut natürlich so, als würde er es nicht sehen oder als wäre alles gar nicht so schlimm. Ein kleines Ärgernis, um es einmal verharmlosend zu sagen!

Vor dem Kauf eines Hundes müssen Sie eine sehr wichtige Entscheidung treffen. Wollen Sie wirklich die Verantwortung für die Pflege und Erziehung eines Zwergschnauzers übernehmen? Er ist ein Lebewesen, das Ihre Aufmerksamkeit und Gesellschaft braucht. Zwergschnauzer sind sehr schlau, aber manchmal müssen Sie schon sehr geduldig sein, um ihm klar zu machen, was Sie von ihm wollen – auch wenn Zwergschnauzer bei weitem nicht so starrköpfig sind wie die englischen Terrier-Rassen! Zwergschnauzer-Welpen sind niedlich, unterhaltsam und schelmisch, um nur einige Eigenschaften zu nennen. Ihr Zwergschnauzer-Welpe wird Sie ganz schön auf Zack halten. Auch Ihr erwachsener Zwergschnauzer fordert viel Zeit von Ihnen, wenn Sie ihm die Pflege zukommen lassen wollen, die diese Rasse wirklich benötigt.

Eine grundsätzliche Frage, die Sie sich stellen müssen ist: Habe ich die Zeit für einen Hund? Damit ist nicht nur gemeint, ob Sie sich vorstellen können, nun die nächsten 14 Jahre mit einem Zwergschnauzer zu leben, sondern auch, ob Sie jeden Tag Zeit für Ihren Hund haben, um ihn zu erziehen und für ihn zu sorgen. Wenn Sie keine Zeit für die Fellpflege Ihres Hundes haben, wenn Sie nicht einmal wissen, ob Sie zumindest zwei Stunden täglich für Spaziergänge mit ihm erübrigen können – egal wie das Wetter ist –, dann suchen Sie sich besser ein anderes Haustier als einen Hund.

Bei einem Zwergschnauzer-Welpen müssen Sie auf die gleichen Probleme vorbereitet sein wie bei Welpen jeder Rasse. Dazu gehört, dass der Kleine sicher die eine oder andere Spur an Ihrem Teppich, Ihren Möbeln oder auch in Ihrem Garten zurücklassen wird. Zusätzlich müssen Sie sich Gedanken über den Verbleib Ihres Hundes machen, wenn Sie in den Urlaub fahren – auch wenn es sich nur um einen kurzen Wochenendtrip handelt. All diese Dinge müssen wohl überlegt sein. Haben Sie sich dann aber für einen Hund – einen Zwergschnauzer – entschieden, kann dies eine Ihrer besten Entscheidungen gewesen sein! Höchstwahrscheinlich wollen Sie Ihren Zwergschnauzer als Familienhund halten und planen nicht, mit ihm Ausstellungen zu besuchen oder zu züchten.

Das heißt natürlich nicht, dass Sie nach einem Hund zweiter Wahl schauen, aber kann die Wahl vereinfachen, denn die eine oder andere kleine Abweichung vom Rassestandard muss Sie nicht weiter berühren. Natürlich müssen die Gesundheit und das Temperament Ihres Hundes genauso in Ordnung sein, als handelte es sich um den Welt-Champion! Als Hundehalter wollen Sie einen rassetypischen Hund, dem Sie vertrauen können und der sich in der Gegenwart von Kindern und Fremden vorbildlich verhält; natürlich soll er auch wie ein typischer Zwergschnauzer aussehen.

Sie wollen natürlich keinen Hund, der nur schön ist und das rassetypische Verhalten zeigt, Sie wollen auch einen gesunden Hund. Er soll gesunde Augen und gesunde Gelenke haben und nicht von Hautkrankheiten und Problemen mit dem Fell geplagt sein.

Geben Sie sich niemals mit weniger als einem gesunden, glücklichen und schönen Hund zufrieden! Ein Zwergschnauzer-Welpe muss die Welt und alle, die auf ihr leben, lieben. So verspielt die Welpen auch sind, sie sollten sich nicht dagegen wehren, einmal von Ihnen festgehalten zu werden. Zwergschnauzer-Welpen, die sich winden und kämpfen, um wieder frei zu kommen, sind wahrscheinlich nicht richtig mit Menschen sozialisiert worden oder haben sogar einen angeborenen Verhaltensfehler. Ein wachsames, flinkes und vor allem liebevolles Temperament ist das Markenzeichen eines Zwergschnauzers. Geben Sie sich wirklich nicht mit weniger zufrieden.

Rüde oder Hündin?

Auch wenn sowohl Rüden als auch Hündinnen ausgezeichnete Begleiter werden können und ähnlich einfach zu trainieren sind, kann die Erziehung zur Stubenreinheit beim Rüden Ihnen etwas mehr Geduld abverlangen. Sie scheinen es oft als ihr gutes, fast heiliges Recht anzusehen, sich dort zu lösen, wo sie es für richtig halten. Rüden jeder Rasse urinieren und stecken damit ihr Revier ab. Wie viel Zeit Sie in die Erziehung zur Stubenreinheit investieren müssen, ist von Hund zu Hund sehr unterschiedlich. Rüden haben oft die Angewohnheit, alles im Haus Befindliche als ihr Eigentum anzusehen – und dementsprechend zu markieren. Aber auch hier steht eine konsequente Erziehung einer Ausweitung des Problems entgegen.

Hündinnen bringen ihre eigenen Probleme mit sich. Etwa nach einem Jahr bekommen sie halbjährlich ihre Hitze. Während der Hitze, die jeweils ungefähr drei Wochen dauert, ist die Hündin empfängnisbereit. Die Hündinnen halten sich in der Zeit der Regel gewöhnlich selbstständig sauber, dennoch gibt es auch Hunde, die diese Hygiene etwas vernachlässigen und Ihre Wohnung mit Blut verschmutzen können. Für solche Fälle gibt es spezielle Höschen, die Sie Ihrer Hündin anziehen können. Selbstverständlich ist dies auch die Zeit, in der Sie besonders auf ungewollte Schwangerschaften aufpassen müssen.

Viele dieser geschlechtsspezifischen Probleme lassen sich vermeiden, indem Sie Ihren Hund – egal ob Rüde oder Hündin – kastrieren lassen. Sie müssen sich bei der Hündin keine Gedanken mehr um eine ungewollte Schwangerschaft machen und Ihr Rüde wird sicher einen guten Teil seines Dominanzverhaltens ablegen. Andere negative Veränderungen im Wesen Ihres Zwergschnauzers werden Sie nicht feststellen können. Zusätzlich reduziert die Kastration Ihres Hundes beim Rüden die Wahrscheinlichkeit von Prostatakrebs, bei der Hündin von Ge-

Wussten Sie schon?

Vor allem der Welpe leidet, wenn er von jemandem erworben wurde, der ihm nicht die nötige Zeit und Zuwendung schenkt. Diese vernachlässigten Welpen werden oftmals von ihren frustrierten Besitzern in ein Tierheim abgeschoben. Alle Überlegungen, die Sie vor der Anschaffung des Welpen anstellen, dienen dem Wohl des Hundes genauso wie Ihrem eigenen. Je umfassender Sie sich informiert haben, desto klarer ist Ihnen, was auf Sie zukommt. Sie werden besser mit den Höhen und Tiefen der Welpenaufzucht umgehen können. Alle Mitglieder Ihres Haushalts müssen bereit sein, ihren Teil bei der Pflege und der Erziehung des Hundes zu übernehmen. Die erste Begeisterung führt oft zu großen Versprechungen („Ich werde jeden Tag mit ihm spazierengehen!" – „Ich werde ihn füttern!" – „Ich werde ihn stubenrein bekommen!"). Dies wird jedoch schnell vergessen, wenn der Reiz des Neuen vergangen ist, und man merkt, dass diese Dinge Zeit und Mühe erfordern.

Wo anfangen?

Wenn Sie davon überzeugt sind, dass ein Zwergschnauzer der ideale Hund für Sie ist, stellt sich die Frage, wo Sie Ihren Welpen finden und worauf zu achten ist. Sie sollten sich auf Züchter konzentrieren, die einen guten Ruf genießen. Sie suchen einen Züchter, der ein echter Liebhaber der Rasse ist. Ein angehender Hundebesitzer kann gar nicht genug Fragen stellen, und ein guter, verantwortungsbewusster Züchter wird das zu schätzen wissen und gerne Rede und Antwort stehen. Ein solcher Züchter wird Ihnen einen seiner Welpen verkaufen, wenn er Sie als einen geeigneten Halter erachtet. Er wird Ihnen auch nach dem Kauf jederzeit mit seiner Erfahrung und seinem Wissen zur Verfügung stehen und seinen Hund auch in jedem Fall zurücknehmen. Lassen Sie sich auch nicht von Züchtern beeindrucken, die aufwendige Annoncen aufgeben, in denen sie mit ihren Champions prahlen. Die wirklich guten Züchter veranstalten nur wenig Wirbel um ihre Hunde und halten sich eher im Hintergrund. Sie finden sie auf Ausstellungen, Wettbewerbsveranstaltungen und durch Mund-zu-Mund-Propaganda zufriedener Käufer. Achten Sie bei einem unerfahrenen

Ihr Zeitplan...

Die Haltung eines Welpen kann beträchtliche Probleme mit sich bringen, wenn Sie ein unstetes Leben führen. Vergessen Sie nicht: Ein Welpe muss regelmäßig gefüttert werden; er braucht Ihre Zuneigung und muss sozialisiert werden. Vor allem muss er regelmäßig nach draußen, um sein Geschäft zu verrichten. Erst wenn der Hund älter ist, verkraftet er Abweichungen von der täglichen Routine. Auch jetzt darf er nicht länger als vier Stunden täglich allein sein.

säugekrebs. Die Entstehung von Hodentumoren und Gebärmutterkrebs ist bei kastrierten Hunden ausgeschlossen – schließlich wurden diese Organe während der Operation entfernt.

Sind Sie ein geeigneter Hundehalter?

Wenn der Züchter Ihnen eine Menge persönliche Fragen stellt, so geschieht dies aus der Besorgnis heraus, mit Ihnen auch die richtige Wahl für seinen Welpen getroffen zu haben.

Entscheiden Sie!

Ein wichtiger Punkt bei der Auswahl Ihres Welpen ist die Frage nach dem Geschlecht. Manchmal sind Hündinnen etwas leichter zu erziehen und etwas kleiner als Rüden. Zweimal jährlich werden Hündinnen für drei Wochen läufig und für Rüden interessant. Es ist sicher ratsam, eine Hündin, mit der nicht gezüchtet werden soll, kastrieren zu lassen.

Züchter besonders auf die Gesundheit der Welpen. Ein Erstzüchter muss nicht die schlechteren Hunde haben, aber seine Unerfahrenheit und seine fehlende Reputation erfordern Ihre erhöhte Aufmerksamkeit. Kaufen Sie keinesfalls Ihren Welpen bei einem Züchter, der Ihnen seine Hunde aufschwatzen will und den Eindruck macht, er bekäme seine Welpen nicht los. Die Nachfrage ist bei guten Rassehunden immer größer als das Angebot! Werden Sie auch misstrauisch, wenn der Züchter gar nichts über Sie wissen will.

Während die Sorge um gesundheitliche Probleme bei einem Zwergschnauzer im Vergleich zu anderen Rassen unwesentlich ist, stellt die größte Sorge für den Züchter die Frage der Sozialisierung dar. Obwohl die Persönlichkeit innerhalb der Rasse eher gleichmäßig ist, kann das Temperament von einer Zuchtlinie zur anderen variieren. Die richtige Sozialisierung des Welpen ist der beste Weg, um ein stabiles und wünschenswertes Temperament zu entwickeln.

Sie sehen, die Wahl des Züchters ist ein entscheidender Punkt auf Ihrem Weg zu einem gesunden und wesensfesten Zwergschnauzer. Glücklicherweise sind die meisten Zwergschnauzer-Züchter verantwortungsbewusste Menschen, denen das Wohl der Rasse sehr am Herzen liegt. Der zuständige Rasseklub ist gerne bereit, Ihnen bei der Suche mit Empfehlungen, Adressen und Telefonnummern behilflich zu sein. Dort wird

Lassen Sie sich mit dem Welpenkauf Zeit

Um einen gesunden Welpen zu erwerben, ist es sehr wichtig für Sie, einen anerkannten Züchter zu finden, bei dem Sie sich wirklich wohlfühlen. Ihr Züchter steht Ihnen auch nach dem Kauf noch für alle Fragen zur Verfügung und ist bei allen Problemen an Ihrer Seite, ohne dass Sie sich als Belastung fühlen müssten. Wenn Sie mit einem Züchter keine persönliche Basis finden, schauen Sie sich lieber noch nach einigen anderen um, bevor Sie Ihren Welpen kaufen.

Wichtige Dokumente

Zwei wichtige Dokumente, die Sie beim Kauf vom Züchter bekommen, sind die Ahnentafel und der Impfpass. Aus dem Impfpass geht hervor, ob und wann die vom VDH vorgeschriebenen Grundimmunisierungen gegen die wichtigsten Infektionskrankheiten erfolgt sind. Der Züchter wird Ihnen sagen, wann Sie den Hund zur Nachimpfung beim Tierarzt vorstellen müssen.

Die Ahnentafel ist der Nachweis der Abstammung und belegt, dass der Hund unter einer bestimmten Nummer in das Zuchtbuch des nationalen VDH-Rasse-Zuchtvereins eingetragen ist. Sie gibt Auskunft über Ausstellungs- und gegebenenfalls Prüfungserfolge seiner Vorfahren und unter Umständen über Untersuchungen auf mögliche Erbkrankheiten. Achten Sie sorgfältig darauf, dass es sich um einen in einem VDH- beziehungsweise FCI-anerkannten Verein gezüchteten Welpen handelt – auch das muss auf der Ahnentafel vermerkt sein.

man auch anregen, dass Sie Ausstellungen besuchen, wo Sie den Zwergschnauzer in Aktion sehen und mit Haltern und Züchtern reden können. So können Sie sich einen Eindruck darüber verschaffen, wie der Zwergschnauzer in Wirklichkeit und nicht nur auf Fotos aussieht. Vorausgesetzt, Sie sprechen die Aussteller an, wenn sie nicht gerade mit der Vorbereitung ihrer Hunde beschäftigt sind, sind diese jederzeit bereit, Ihre Fragen zu beantworten, Züchter zu empfehlen und Ratschläge zu erteilen.

Nachdem Sie mit einigen Züchtern Kontakt aufgenommen haben, ist es an der Zeit, sich deren Würfe anzuschauen. Denken Sie dabei daran, dass viele gute Züchter Wartelisten haben und es manchmal zu Wartezeiten von bis zu zwei Jahren kommen kann, bevor Sie einen Welpen erwerben können. Wenn Sie von einem Züchter zu hundert Prozent überzeugt sind, sollten Sie lieber warten, anstatt zu einem Züchter zu wechseln, der Ihnen nicht in jeder Hinsicht zusagt. Handeln Sie nicht vorschnell, wenn ein Züchter keine Warteliste und auch noch keine weiteren Käufer für seinen Wurf hat, gibt es dafür wahrscheinlich einen guten Grund.

Wenn Sie Ihren Zwergschnauzer als Familienhund halten wollen und weniger daran interessiert sind, Ihren Hund auszustellen, sollten Sie einen freundlichen und attraktiven Welpen auswählen. Spielen Sie mit dem Gedanken, später an Ausstellungen teilzunehmen, sollten Sie schon etwas genauer auf Championtitel der Elternhunde achten. Zwergschnauzer haben in der Regel recht kleine Würfe mit etwa drei Welpen. So haben Sie innerhalb eines Wurfes keine große Auswahl. Halten Sie sich von scheuen oder übermäßig aggressiven Welpen fern, und seien Sie bei nervösen Welpen besonders vorsichtig.

Gewöhnlich erlauben Züchter ihren Kunden, einen Wurf das erste Mal im Alter von fünf oder sechs Wochen in Augenschein zu nehmen. Verkauft werden sie erst ab einem Alter von acht bis zehn Wochen. Züchter, die ihre Welpen vor dieser Altersgrenze abgeben, sind mehr an Ihrem Geld als am Wohlergehen der

Welpen interessiert. Innerhalb der dem VDH angeschlossenen Rassevereine wird Ihnen kein Züchter begegnen, der seine Welpen vor dieser Zeit abgibt. Ein Welpe muss die Gesetze im Rudel – was erlaubt ist und was nicht – von seiner Mutter erlernen. Das dauert gewöhnlich acht Wochen. In dieser Zeit verbringt der Züchter möglichst viel Zeit mit den Welpen, damit sie sich an den Umgang mit Menschen gewöhnen. Ein richtig sozialisierter Zwergschnauzer-Welpe aus guter Zucht will nichts weiter als bei Ihnen sein und Sie erfreuen.

Überprüfen Sie in jedem Fall die Bissstellung Ihres Welpen. Er darf weder einen Vor- noch einen Rückbiss aufweisen, was bei einem jungen Welpen nicht einfach zu erkennen, für Zucht- und Ausstellungszwecke aber von entscheidender Bedeutung ist.

Die Verantwortung des Hundehalters

Sie haben auf Ihrem Weg zum Hundebesitzer schon einige wichtige Entscheidungen getroffen. Der Zwergschnauzer ist die Rasse Ihrer Wahl. Sie passt aufgrund ihrer Persönlichkeit am besten zu Ihnen und Ihrer Familie. Sie haben Kontakte zu Züchtern aufgenommen und sich vielleicht schon für einen entschieden. Wenn Sie einen Wurf in Aktion beobachtet haben, wissen Sie bereits Einiges über die Dynamik der Welpen und ihres „Rudels" und können sich so ein Bild über die individuelle Persönlichkeit der einzelnen Welpen machen. Sie werden erkennen, welche Welpen zukünftige Rudelführer sein werden, welche weniger zugänglich, welche selbst-

sicher oder scheu, verspielt, freundlich oder aggressiver sind. Es ist jedoch ebenso wichtig, dass Sie zu erkennen lernen, wie ein gesunder Welpe aussehen und sich verhalten sollte. Alle diese Faktoren helfen Ihnen bei Ihrer Suche, und wenn

Wussten Sie schon?

Nach den strengen Zuchtbestimmungen des Verbandes für das Deutsche Hundewesen e. V. ist es nicht erlaubt, einen Welpen vor dem Alter von acht Wochen abzugeben. Bis dahin braucht er unbedingt den Kontakt zu seiner Mutter und den Geschwistern. Erst in der achten Lebenswoche erhält der Welpe seine erste Schutzimpfung. Ist Ihr Welpe beim Kauf schon älter, ist er oft schon stubenrein und gut sozialisiert.

Die erste Autofahrt

Die Autofahrt vom Züchter in Ihr Heim kann für den Welpen und Sie eine unangenehme Erfahrung werden. Der Welpe wird aus seiner warmen, gewohnten Umgebung in eine fremde und neue Welt gebracht – eine Welt, die sich bewegt! Machen Sie sich auf eventuell auftretenden Durchfall, Urinieren, Weinen, Winseln und sogar Angstbeißen gefasst. Zu Hause angekommen können Sie ihm aber mit viel Liebe und Ermunterung helfen, den Stress seiner ersten Autofahrt schnell zu vergessen.

Sie dann dem Zwergschnauzer begegnen, der für Sie bestimmt ist, werden Sie ihn sofort erkennen. Vielleicht haben Sie sich sogar schon für einen bestimmten entschieden. Aber auch wenn Sie Ihren Traumhund noch nicht gefunden haben, es kommt der Tag, da läuft er Ihnen einfach über den Weg.

Sich Wissen über Ihre Rasse zu beschaffen, die Auswahl eines zuverlässigen Züchters und das Beobachten möglichst vieler Welpen sind allesamt wichtige Schritte auf dem Weg zu einem verantwortungsbewussten Hundehalter. Es sieht alles ziemlich mühevoll aus – und Sie haben Ihren Welpen noch nicht einmal in sein neues Zuhause eingeführt. Vergessen Sie nicht, dass Sie gar nicht genug Vorsicht walten lassen können, wenn es darum geht, sich für einen bestimmten Hund zu entscheiden.

Der Kauf eines Welpen sollte niemals aus einer spontanen Stimmung heraus geschehen. Mit dem Kauf eines Welpen fügen Sie Ihrer eigenen Familie ein wei-

teres Mitglied hinzu! Nun werden Sie vielleicht sagen, dass der Kauf eines Welpen doch auch Spaß machen und keine derart ernste und aufwändige Sache sein muss. Vergessen Sie dabei nicht, dass ein Welpe kein kuscheliges Stofftier ist, sondern ein Lebewesen mit Bedürfnissen und Gefühlen, das als gleichwertiges Familienmitglied behandelt werden sollte. Sie werden schnell feststellen, dass der Kauf eines Welpen ein durchaus erfreuliches und aufregendes Erlebnis ist, das man jedoch keinesfalls auf die leichte Schulter nehmen sollte. Sie werden schnell erkennen, dass der erhoffte Spaß beginnt, sobald der Welpe in sein neues Zuhause eingezogen ist.

Halten Sie sich vor Augen, dass ein Welpe nichts anderes als ein Baby in einer Fellverkleidung ist, das in der Welt der Menschen völlig hilflos ist und sein Leben und Wohlergehen vertrauensvoll in Ihre Hände legt. Die Anforderungen gehen weit über Futter, Wasser und Schlafplatz

Versicherungen

Eine Haftpflichtversicherung ist auch für einen kleinen Hund dringend anzuraten. Für alle Schäden, die Ihr Hund verursacht, haften Sie! Züchter mit mehreren Hunden können eine Zwingerhaftpflichtversicherung abschließen. Bitte beachten: Ein Hund ist nicht automatisch in der Privathaftpflicht- oder Hausratversicherung mitversichert!

Eine Hunde-Krankenversicherung kann Ihnen viel Geld ersparen. Vergleichen Sie die Leistungen der Gesellschaften, einige erstatten sogar anteilmäßig die jährlichen Impfkosten.

hinaus, denn Ihr Welpe braucht Pflege, Schutz, Führung und Liebe. Wenn Sie sich dem nicht gewachsen fühlen, sind Sie als Hundehalter ungeeignet.

Vielleicht werden Sie sich fragen, wie weit es der Autor denn nun noch treiben will. Alle Ihre Nachbarn haben Hunde und scheinen keine Probleme zu haben. Warum also sollten Sie sich über all diese Dinge den Kopf zerbrechen? Weil das Ihre Nachbarn auch getan haben! Tatsächlich werden Sie feststellen, dass Ihr Welpe nach einer gewissen Eingewöhnungszeit auf ganz natürliche Weise seinen Platz in Ihrer Familie findet. Mit etwas Zeit und Geduld ist die Aufzucht eines neugierigen und vor Lebensfreude sprühenden Zwergschnauzer-Welpen zu einem wohlerzogenen und angepassten erwachsenen Hund nicht allzu schwer.

Vorbereitungen für den Einzug des Welpen

Das neue Zuhause und die neue Familie müssen sorgfältig auf das neue Familienmitglied vorbereitet werden. Genauso wie Sie ein Kinderzimmer für den Einzug eines Babys vorbereiten würden, müssen Sie auch für Ihren Welpen einen Platz auswählen, der ihm allein gehört und wo er sich wirklich wohl und sicher fühlen kann. Wie diese Vorbereitungen aussehen müssen, hängt ganz davon ab, wieviel Freiraum Sie dem Welpen einräumen möchten. Wird er ein Zimmer oder einen festgelegten Bereich der Wohnung zur Verfügung haben oder soll er sich frei in der gesamten Wohnung bewegen können? Wird er sich auch im Garten aufhalten?

Sie sollten sich stets darüber im Klaren sein, dass Sie Ihr Zuhause von nun an mit Ihrem Welpen teilen. Mein Heim ist auch dein Heim. Im Normalfall werden Sie Ihrem Welpen nicht gestatten, Ihre gesamte Wohnung zu übernehmen, jedoch ist es für seine Entwicklung zu einem ausgeglichenen und anpassungs-

Welpenpersönlichkeiten

Wenn Sie die Möglichkeit bekommen, sich einen Welpen aus einem Wurf aussuchen zu können, werden Sie bemerken, dass das gar nicht so einfach ist. Suchen Sie den Welpen nach Ihren eigenen Vorlieben aus. Ein ruhiger Welpe passt besser in einen ruhigen Haushalt mit kleinen Kindern, wohingegen ein forscher Welpe schon besser zu einer lebhafteren Familie mit größeren Kindern passt. Fragen Sie im Zweifelsfall Ihren Züchter nach seiner Einschätzung, denn er kennt seine Welpen am allerbesten.

fähigen Hund wichtig, dass er sich in seiner Umgebung wohl und sicher fühlt. Denken Sie stets daran, dass er die einzige Familie, die er kannte, verlassen musste. Es ist deshalb ausgesprochen wichtig, dass Sie ihm diesen Wechsel in seine neue Familie und in eine fremde Welt so angenehm wie möglich machen. Durch die sorgfältige und wohl überlegte Vorbereitung eines speziell für den Welpen bestimmten Plätzchens geben Sie ihm das sichere Gefühl, in dieser fremden Umgebung herzlich willkommen zu sein. Es sollte nicht lange dauern, bis er sich an seine Umgebung gewöhnt hat.

Futterkosten

Der Faktor „Futterkosten" sollte nicht unerwähnt bleiben. Jeder Hund benötigt eine ausgewogene Ernährung, um gesund zu bleiben und die notwendige Muskelkraft und Knochenstabilität zu entwickeln. Eine unzureichende Ernährung kann schnell zu Haut- und anderen Gesundheitsproblemen führen.

Solch eine plötzliche Umsiedlung ist in jedem Fall für einen Welpen ein traumatisches Erlebnis. Versuchen Sie sich vorzustellen, wie sich ein Kleinkind in einer solchen Situation fühlen muss – Ihr Welpe empfindet ebenso. Es ist Ihre Aufgabe ihn davon zu überzeugen, dass er sich in seinem neuen Zuhause stets sicher und wohl fühlen kann.

Was muss angeschafft werden?

Die Hundebox

Für jemanden, der mit dem Gebrauch von Hundeboxen bei der Ausbildung nicht vertraut ist, mag die Vorstellung von einem eingesperrten Welpen unangenehme Gefühle und den Gedanken an eine Form von Tierquälerei erwecken – dem ist jedoch ganz und gar nicht so. Hundeboxen oder -käfige sind keine Gefängnisse, sondern erfüllen bei der Erziehung und Ausbildung eines Hundes eine ganze Reihe von sinnvollen Aufgaben. Zum Beispiel ist das Boxentraining ein sehr beliebtes und erfolgreiches Verfahren, um Welpen zur Stubenreinheit zu erziehen. Eine Box stellt eine Sicherheitseinrichtung dar, wenn der Welpe einmal für kurze Zeit allein in der

Wussten Sie schon?

Sie sollten noch nicht einmal darüber nachdenken, einen krank aussehenden, überaus ängstlichen oder nervösen Welpen zu kaufen. Die Welpen sollten spätestens nach einer halben Stunde mit Ihnen warm geworden sein.

Wohnung ist. Nicht zuletzt bietet sie dem Hund einen Platz, den er sein Eigen nennen kann, den er mit niemandem teilen muss und an dem er sich wohl und sicher fühlen kann. Eine Hundebox eignet sich bestens als Schlafplatz, wo sich Ihr Zwergschnauzer-Welpe zusammenrollen und einkuscheln kann, wenn er müde ist oder sich etwas ausruhen will. Viele Hunde verbringen die gesamte Nacht in ihrer Box. Wenn die Box mit weichen Decken ausgelegt ist und sich darin auch noch die Lieblingsspielzeuge Ihres Welpen befinden, wird sie bald sein Lieblingsplatz.

Wie seine wild lebenden Vorfahren sucht auch Ihr Welpe den Komfort und die Rückzugsmöglichkeit eines Baues – Sie bieten ihm lediglich eine etwas luxuriösere Ausführung, die anstatt mit Blättern und Zweigen mit weichen Decken ausgelegt ist und statt aus einer schmutzigen Senke oder Höhle aus einer bequemen und sauberen Hundebox besteht. Für welche Art von Hundebox Sie sich entscheiden, bleibt völlig Ihnen überlassen. Es gibt zwei Standardausführungen: aus Draht oder Fiberglas. Jede besitzt ihre Vor- und Nachteile. Die Hundebox aus Draht ist offener und erlaubt so einen effektiveren Luftaustausch und dem Hund einen besseren Rundumblick. Die Fiberglasausführung ist stabiler und kann auch als Transportbox für Reisen genutzt werden, denn sie bietet dem Hund mehr Schutz. Auch die Größe der Box ist wichtig. Eine kleine Box ist für einen Welpen, nicht aber für einen erwachsenen Hund ausreichend. Zwergschnauzer werden zwar nicht besonders groß, aber wenn Sie nicht jedes

Die Auswahl eines Welpen

Vor dem Kauf Ihres Welpen sollten Sie sich darüber im Klaren sein, ob Sie einen Ausstellungshund oder „nur" einen Familienhund haben möchten. Eine „Champion-Garantie" kann Ihnen kein Züchter geben, aber seine Erfahrung lässt zumindest eine Prognose zu. Auf jeden Fall sollte der Welpe ein gutes Wesen zeigen! Was nützt der schönste Hund, wenn er nicht das rassetypische Verhalten zeigt, weil der Züchter nur auf das Aussehen seiner Hunde achtet?

Mal eine neue Box anschaffen wollen, wenn Ihr Welpe einen Wachstumsschub durchläuft, kaufen Sie besser gleich eine, die auch noch für einen ausgewachsenen Zwergschnauzer reicht. Dabei muss die Box so groß gewählt werden, dass Ihr Hund darin bequem sitzen, stehen, sich hinlegen und drehen kann, aber auch nicht zu groß, so dass er sich darin verlassen fühlt.

Der Eindruck des Welpen

Ihr Welpe sollte einen gut genährten Eindruck machen. Sein Bauch darf nicht aufgebläht sein, denn dies kann auf einen Wurmbefall und eine falsche Ernährung hinweisen. Die Haut des Abdomens sollte blass rosafarben und sauber sein. Sie darf keine Anzeichen eines Hautausschlags oder sonstige Veränderungen zeigen. Eventuell bei der Geburt vorhandene Wolfskrallen an den Hinterläufen sollten vom Tierarzt entfernt worden sein.

Decken

Eine oder zwei Decken in der Hundebox machen dem Welpen seinen zugewiesenen Platz behaglicher. Zum einen ersetzen die Decken die natürliche Bodenlage aus Blättern, Zweigen und anderen Dingen, die zur Auspolsterung seines Baus dienen. So kann sich der Welpe in der Decke seine eigene Schlafkuhle „graben". Der Welpe hat sich, bis er von seiner Mutter und seinen Geschwistern getrennt wurde, zwischen ihnen einkuscheln können und sich so warm und geborgen gefühlt. Auch wenn eine Decke nicht mit dem warmen und atmenden Körper verglichen werden kann, bietet sie dennoch ebenfalls Wärme und eine Möglichkeit zum Kuscheln. Sie müssen die Decken regelmäßig waschen, denn besonders am Anfang wird es noch zu dem einen oder anderen „Unfall" kommen. Achten Sie auf die Qualität und das Material der Decke. Eine Ersatzdecke ist stets von Vorteil, denn die Lebenserwartung einer Decke ist bei Welpen begrenzt.

Spielzeug

Spielzeug ist für Hunde aller Altersgruppen ein Muss, besonders für neugierige und verspielte Welpen. Welpen sind die Kinder der Hundewelt – und welches Kind liebt kein Spielzeug? Kauspielzeuge haben für Hund und Halter Vorteile – während sich der Welpe am Herumkauen auf seinem Spielzeug erfreut, genießt der Halter die Tatsache, dass sich sein Hund nicht an Möbeln, Teppichen und teuren Lederschuhen vergreift. Welpen lieben es, auf Dingen herumzukauen. Tatsächlich ist das Kauen während des Zahnens eine Notwendigkeit. Alles, was sich in Ihrem Haushalt befindet – von antiken Möbeln bis zu Orientteppichen –, verkörpert in den Augen Ihres zahnenden Welpen geeignetes Spielzeug. Wenn es darum geht, ihre Zähne im wahrsten Sinne des Wortes in etwas eingraben zu können, sind Welpen alles andere als wählerisch! Zwergschnauzer-Welpen kauen sehr stark, und man sollte ihnen lediglich die härtesten und stabilsten Spielzeuge anbieten. Es

Fütterungshinweis

Sie sollten Ihren Welpen in den ersten Wochen mit demselben Futter versorgen, das er auch beim Züchter erhalten hat. Ein guter Züchter wird Ihnen einen kleinen Vorrat mitgeben. Verwöhnen Sie Ihren Welpen zwischen den Mahlzeiten nicht mit zu vielen Leckereien. Sein Kalorienbedarf ist relativ niedrig und schnell durch einige Leckerchen für den Tag gedeckt, ohne dass der Welpe die notwendigen Nährstoffe zu sich genommen hat.

Jeder Hund sollte einen Platz haben, den er sein Eigen nennen kann – allerdings sollte dies nicht Ihr Sessel sein! Zeigen Sie Ihrem Welpen von Beginn an, wo sein Platz ist – am besten in seiner Box.

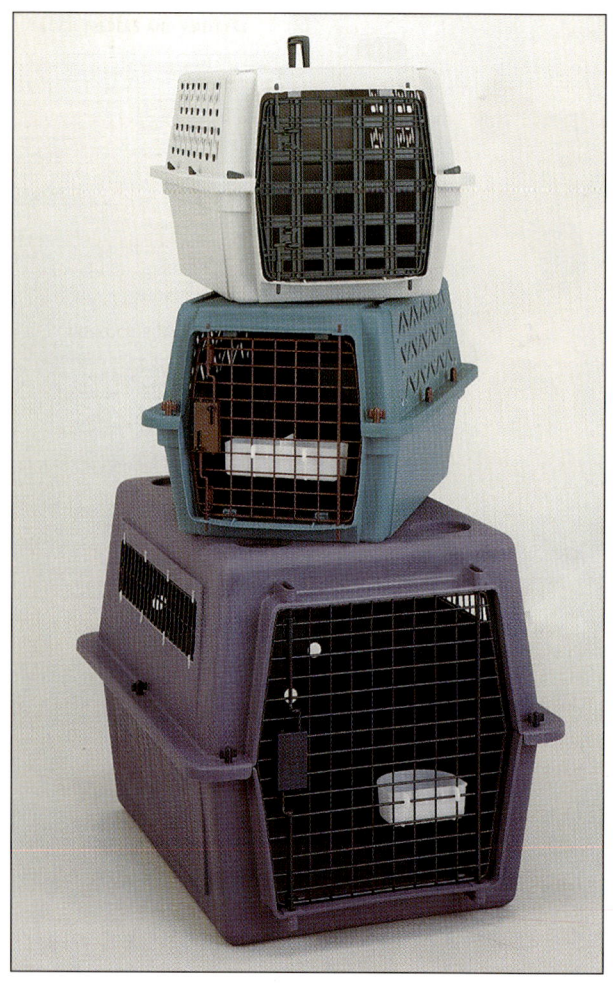

er es zerbeißt und den tongebenden Plastikquäker verschluckt. Sie sollten stets den Zustand der Spielzeuge Ihres Welpen im Auge behalten und solche, die bis zu dem Punkt zernagt sind, an dem sie eine Gefahr darstellen, gegen neue austauschen.

Geben Sie Ihrem Hund keine echten Knochen, denn sie neigen dazu, in scharfe und spitze und somit gefährliche Teile zu zersplittern. Selbst bei essbaren Kauspielzeugen aus getrocknetem, natürlichem Rinderleder ist Vorsicht angesagt. Auch wenn sie speziell für Hunde gedacht sind und der Sauberhaltung der Zähne dienen, kann der Welpe durch ausgiebiges Kauen Teile davon abnagen, die zum Hinunterschlucken zu groß sind und ihm im Hals stecken bleiben. Ihr Welpe sollte ein solches Kauspielzeug auch nur auf einer dafür gedachten Decke bekommen, denn die durch das Kauen entstehende klebrige und breiige Masse lässt sich nur schwer aus Ihrem Teppich entfernen.

Leinen

Eine Nylonleine ist die beste Wahl, denn sie ist den Zähnen des Welpen gegenüber am widerstandsfähigsten und reißfest. Natürlich gehört das Kauen an der Leine zu einer der unerwünschten Angewohnheiten, die daher gleich im Keim erstickt werden sollten, doch andererseits steht das Herumnagen an allen möglichen Gegenständen mit dem Zahnen in Verbindung und lässt sich nicht von einem Tag auf den anderen aberziehen. Bei einer Nylonleine haben Sie die Sicherheit, dass sich Ihr Welpe nicht an Zähnen und Zahnfleisch verletzen

Es gibt hochwertige Boxen in verschiedenen Größen und Ausfertigungen; Lassen Sie sich beraten!

ist ratsam, ausgestopfte Stofftiere in Sicherheit zu bringen, da diese in kürzester Zeit ihre Füllung verlieren würden. Ihr Welpe könnte auch die weder verdauliche noch nahrhafte Füllung fressen. Quietschende Gummispielzeuge erfreuen sich bei Welpen größter Beliebtheit, sind jedoch für einen Zwergschnauzer ungeeignet. Das Spielzeug kann zu einer Gefahr für Ihren Welpen werden, wenn

Wenn Sie zunächst eine kleine Box für Ihren Welpen kaufen, brauchen Sie für Ihren erwachsenen Hund später eine größere. Besser Sie besorgen gleich eine Box, die auch Ihrem erwachsenen Zwergschnauzer genügend Platz bietet.

und sie, zumindest im Normalfall, auch nicht durchbeißen kann. Ein weiterer Vorteil dieser Leinen liegt in ihrem geringen Gewicht, was Ihrem Zwergschnauzer die Gewöhnung an das Laufen an der Leine erleichtert. In jedem Fall ist die Nylonleine für die täglichen Aktivitäten wie Gassigehen die beste Lösung.

Sobald Ihr Welpe sich an das Laufen an der Leine gewöhnt hat, können Sie die Nylonleine gegen eine flexible Laufleine austauschen. Bei solchen Leinen können Sie die Leinenlänge verändern, um Ihrem Hund einen erweiterten Laufraum zu bieten oder um ihn dicht bei sich zu haben. Für Trainingszwecke gibt es auch spezi-

Wussten Sie schon?

Es kann schon zwei Wochen dauern, bis sich Ihr Welpe an seine neue Umgebung gewöhnt hat. Ihr Welpe braucht viele Streicheleinheiten, regelmäßige Spaziergänge, eine ausgewogene und schmackhafte Ernährung und einen Platz, den er sein Eigen nennen kann.

Ein Tipp zur Stubenreinheit

Es ist sinnvoll, die Box Ihres Welpen, falls sie etwas größer ist, in der ersten Zeit zu unterteilen. Wenn die Box zu geräumig ist, wird es ihm nichts ausmachen, dort auch sein Geschäft zu verrichten. Ihre Bemühungen, ihn stubenrein zu bekommen, wären leider vergeblich. Hunde halten ihren Schlafplatz instinktiv sauber. Wenn der Welpe sich aufgrund des reichlichen Platzangebotes weit genug von seinem „Bett" entfernen kann, um sich zu lösen, wird er dies auch in der Box tun. Mit dem Wachstum des Hundes lässt sich der abgeteilte Platz dann je nach Bedarf entsprechend vergrößern. Mit etwas Geduld und Verständnis werden Sie es schaffen, dass sich Ihr Welpe nach kurzer Zeit in seiner neuen Behausung wohlfühlt.

elle Leinen und Ledergeschirre, die jedoch für die täglichen Spaziergänge mit Ihrem Zwergschnauzer nicht sinnvoll sind.

Halsbänder

Ihr Welpe sollte von Anfang an an das Tragen eines Halsbands gewöhnt werden, an dem auch seine Erkennungsmarke befestigt ist. Leine und Halsband bilden eine Einheit. In Verbindung mit der Nylonleine ist ein leichtes Nylonhalsband ideal. Bei der Wahl des Halsbandes ist darauf zu achten, dass es einerseits eng genug ist, um nicht von dem Welpen abgestreift werden zu können, andererseits aber lose genug ist, so dass es dem Tier nicht ein Gefühl von Eingeschnürtheit und Unbehagen vermit-

telt. Sie sollten problemlos einen bis zwei Finger zwischen Hals und Halsband schieben können. Nach einigen Tagen wird das Tragen eines Halsbandes zu einer Selbstverständlichkeit für Ihren Welpen. Die bekannten Würgehalsbänder sind für Trainingszwecke gedacht und sollten nur von einem Halter verwendet werden, der genau weiß, wie sie zu benutzen sind.

Fress- und Wassernäpfe

Ihr Welpe braucht zwei Näpfe – einen für Futter und einen für Wasser. Wenn Sie Besitzer eines Gartens sind, ist die Anschaffung von zwei Sets zu empfehlen – eines für drinnen und eines für draußen. Edelstahl- oder auch stabile Plastiknäpfe sind die beste Wahl. Obwohl die Plastiknäpfe auf den ersten Blick geeignete „Kauspielzeuge" darstellen, werden sie gewöhnlich nicht als solche entfremdet. Edelstahlnäpfe bieten keinerlei Angriffsfläche fürs Kauen und kön-

Der finanzielle Aspekt...

Für Bürsten, Halsbänder, Leinen, Decken und natürlich Spielsachen werden Sie ständig Geld ausgeben müssen. Wenn Ihr Welpe einmal persönliche Dinge beschädigt oder zerstört – und mit den meisten Welpen passiert das schon einmal – oder er sich an anderer Leute Sachen vergreift, erhöhen sich Ihre Ausgaben beträchtlich. Jährlich fallen noch Kosten für Impfungen sowie Wurmkuren und ähnlich wichtige Maßnahmen an. Sie müssen sich in jedem Fall auch der finanziellen Verantwortung eines Hundehalters bewusst sein.

nen gründlicher gereinigt werden. Meiden Sie Produkte, bei denen Wasser- und Fressnapfteil in einer Schale untergebracht sind. Es ist fast unvermeidbar, dass Sie die gesamte Schale nach jeder Fütterung komplett reinigen müssen. Viele Hundehalter – besonders von größeren Rassen – bevorzugen es, die Fress- und Wassernäpfe ihrer Hunde leicht erhöht aufzustellen. Dies dient dazu, dass sich Ihr Hund beim Fressen und Trinken nicht so weit herunterbeugen muss, was wiederum zu einer besseren Verdauung und zur Verhinderung von Blähungen und Magendrehung beiträgt. Im Gegensatz zum Menschen entstehen Blähungen und andere Verdauungsprobleme bei Hunden nicht ausschließlich durch die Art der Nahrung, sondern eher durch das Verschlucken größerer Mengen Luft beim Schlingen.

Reinigungsmittel

Solange Ihr Welpe nicht stubenrein ist, werden Sie um zusätzliche Reinigungsarbeiten in Wohnung oder Haus nicht herumkommen. Es wird anfangs immer wieder zu „Unfällen" kommen. Das ist völlig normal, denn der Welpe hat noch keine Kontrolle über Darm- und Blasenmuskulatur. Es ist ratsam, während dieser Zeit eine kleine Schaufel, alte Handtücher, Zeitungspapier und für die Gesundheit des Welpen ungefährliche Reinigungs- und Desinfektionsmittel im Haus zu haben.

Über die Grundausstattung hinaus

Die bisher angesprochenen Gegenstände bilden lediglich die Grundausstattung. Was außerdem benötigt wird,

So viel Spielzeug!

Es gibt eine Vielzahl von Hundespielzeug, das eine Menge Spaß verspricht. Aber nicht alles, was für Hunde geeignet erscheint, ist auch wirklich für Hunde zu empfehlen. Es ist beeindruckend, was Welpenzähne in kürzester Zeit mit einem harmlos aussehenden Spielzeug anrichten können. Seien Sie deshalb bedacht bei der Auswahl und denken Sie immer zuerst an die Sicherheit Ihres Hundes. Wählen Sie das haltbarste Produkt, das Sie finden können. Mit harten Nylonknochen und -spielzeugen sind Sie auf der sicheren Seite. Viele Dinge werden in den unterschiedlichsten Größen und Formen angeboten. Außerdem werden Geschmacksrichtungen angeboten, deren Aromastoffe das Spielzeug für Ihren Hund unwiderstehlich machen sollen.

Der Zoofachhandel bietet Ihnen eine große Auswahl an Leinen. Nehmen Sie eine, die Ihren Ansprüchen genügt.

Spielend lernen

Wenn Sie mit Ihrem Welpen regelmäßig Fang- oder Bringspiele mit seinem Spielzeug spielen, ist das ein idealer Weg, seine Muskeln und motorischen Fähigkeiten ebenso wie seine Bindung an Sie zu stärken. Auch fördern diese Spiele die geistigen Fähigkeiten Ihres Hundes.

Er muss auch lernen, seinen Beißreflex zu unterdrücken, keinen Menschen und kein Tier zu beißen und nicht an verbotenen Gegenständen zu knabbern. Auch beim Spielen geben immer Sie den Ton an. Sie bestimmen dan Anfang und das Ende. Das ist eine wichtige Lektion, wenn Ihr Welpe lernen soll, wer der Herr ist. Denn Sie bestimmen als sein Rudelführer sein ganzes Leben lang über ihn. Hat Ihr Welpe dies einmal akzeptiert, wird Ihre Freundschaft ein Leben lang halten.

Räumen und so weiter. Ob Sie all diese Dinge brauchen, hängt ganz von den gegebenen Umständen ab. Am wichtigsten ist es, dass Sie beim Einzug ihres Welpen alles Notwendige zur Verfügung haben, was für die Ernährung und ein kuscheliges, sicheres Plätzchen nötig ist, damit sich Ihr Welpe schnell in seinem neuen Zuhause schnell einlebt.

Welpensicherheit

Sie müssen dafür sorgen, dass Ihr Zwergschnauzer-Welpe in Ihrem Heim vor Gefahren sicher ist. Das heißt, dass Vorsorgemaßnahmen getroffen werden müssen. Ihr Welpe darf nicht in Bereiche Ihrer Wohnung kommen, in denen er nichts zu suchen hat. Es darf sich nichts in seiner Reich- oder Riechweite befinden, was seiner Gesundheit schaden könnte, wenn er neugierig daran schnüffelt oder herumkaut. Derartige Sicherheitsvorkehrungen sollten selbstverständlich sein, denn neben der Sorge

werden Sie schnell herausfinden – Fellpflegemittel, Floh- und Zeckenschutzmittel, Laufgitter zum Abteilen von Räu-

Wählen Sie ein geeignetes Halsband

Das **Schnallenhalsband** aus Leder oder einem anderen Material eignet sich für fast jeden Verwendungszweck. Es ist besonders für kleine Hunde ideal. Achten Sie bei Welpen darauf, dass sich das Halsband eng genug schließen lässt – das Welpenhaar täuscht meist über den tatsächlichen Umfang des Halses beträchtlich hinweg. An diesem Halsband lässt sich die Erkennungsmarke des Hundes gut befestigen.

Das sogenannte **Zug-Halsband** wird hauptsächlich bei den Erziehungsübungen verwendet. Es besteht üblicherweise aus einer glatten Edelstahl-Kette, die sich sofort zuzieht, wenn der Hund an der Leine zieht (mit anderen Worten: Der Hund kann selbst bestimmen, welchen Druck er am Hals verspürt – natürlich wird er nicht weiter ziehen, wenn es unangenehm wird!). Nehmen Sie dieses Halsband sofort ab, wenn die Übungen beendet sind!

Das **Geschirr** wird von vielen Besitzern vor allem kleiner Hunde bevorzugt, die dazu tendieren, wegzulaufen oder alles zu jagen, was ihnen über den Weg läuft. Es eignet sich kaum als Erziehungshilfe, da es sogar einem sehr stark an der Leine ziehenden Hund keinerlei körperliche Unannehmlichkeiten bereitet (und er somit keinen Anlass sieht, das Ziehen aufzugeben). Entscheiden Sie selbst, was Sie möchten!

Der Zoo-fachhandel bietet eine große Auswahl an Wasser- und Fressnapfen an.

um die Gesundheit Ihres Welpen werden Sie auch darauf bedacht sein, dass Ihre persönlichen Dinge nicht durch den Erkundungsdrang Ihres Welpen beschädigt oder sogar ruiniert werden. Dafür kann Ihr Welpe nichts, denn er folgt nur seinem Instinkt!

Wenn sich Ihr Welpe frei in Ihrem Heim bewegen kann, sollten Sie zerbrechliche Gegenstände aus seiner Reichweite entfernen. Falls sein Bewegungsfreiraum auf ein bestimmtes Zimmer oder einen festgelegten Teil der Wohnfläche beschränkt ist, müssen alle potentiell gefährlichen Gegenstände aus diesem Bereich entfernt werden. Ein Elektrokabel stellt eine potentielle Gefahr dar, denn wer kann einen Welpen mit Worten davon überzeugen, dass es sich hierbei nicht um ein Kauspielzeug handelt? Elektrokabel sollten entweder mit Kabelschellen an der Wand befestigt, unter dem Teppich verlegt oder durch stabile Kabelkanäle geschützt sein. Wenn Ihr Welpe seine Zeit in seiner Box oder in einem Laufstall verbringt, ist sicherzustellen, dass sich keine gefährlichen Gegenstände in unmittelbarer Nähe befinden, denen er mit den Pfoten oder der Schnauze habhaft werden kann. Mit einem Welpen im Haus sollten Sie sich an dieselben Regeln halten, die auch für Kleinkinder gelten. Haushaltsreiniger und Chemikalien sind generell dort aufzubewahren, wo sie für den Welpen unerreichbar sind.

Genauso wichtig wie die Sicherheit innerhalb der Wohnung ist die Sicherheit im Freien. Ihr Welpe sollte niemals unbeaufsichtigt sein, jedoch werden Sie es kaum verhindern können, dass er im Garten herumtollen und auf Erkundungsreise gehen wird, was Sie ihm auch gestatten sollten. Auch ein eingezäunter Garten bietet manchmal eine nur trügerische Sicherheit. Sie werden staunen, wieviel Kraft und Ausdauer ein Hund aufbringen kann um herauszufinden, wie man sich am besten unter einem Zaun hindurchgräbt oder sich erfolgreich durch das kleinste Loch hindurchquetscht. Für viele Hunde ist selbst das Überspringen oder Überklettern von relativ hohen Zäunen kein Problem, wenn die Aussicht auf der anderen Seite nur reizvoll genug ist. Die sicherste Methode ist deshalb, einen hohen Zaun zu wählen, den Ihr Hund mit Sicherheit weder überklettern noch überspringen kann (etwa zwei Meter) und der auch ausreichend tief in das Erdreich eingelassen ist. Sämtliche Schwachstellen im Zaun müssen umgehend repariert werden. Es ist ratsam, den Zaun in regelmäßigen Abständen auf Beschädigungen zu kontrollieren. Ein sehr konsequenter Welpe kann immer wieder an eine bestimmte, erfolgversprechende Stelle zurückkehren und daran arbeiten, bis er sich letztendlich einen Weg in die große, weite Welt geschaffen hat.

Es fällt in Ihren Verantwortungsbereich, die Hinterlassenschaften Ihres Hundes zu beseitigen.

Welpensicherheit

Bevor Sie Ihren Welpen nach Hause holen, sollten Sie Ihr Heim „welpensicher" gemacht haben. Verwenden Sie niemals Rattengift, Insektenschutz- oder gefährliche Reinigungsmittel im Lebensbereich Ihres Hundes. Das gilt auch für Toilettenreiniger, denn jeder Welpe wird gerne einen „Schluck nehmen", wenn der Toilettendeckel offensteht.

Der erste Besuch beim Tierarzt

Vielleicht kann Ihnen der Züchter einen guten Tierarzt empfehlen, oder Sie haben Kontakt zu anderen Hundehaltern, die mit der Adresse eines zuverlässigen Veterinärmediziners dienen können. In jedem Fall sollten Sie einen Termin mit dem Tierarzt vereinbaren und Ihren Welpen innerhalb der ersten zwei Woche nach der Übernahme vom Züchter zu einer ausgiebigen Grunduntersuchung vorstellen.

Eine solche Grunduntersuchung besteht aus der Überprüfung seines allgemeinen Gesundheitszustandes um sicherzustellen, dass keine Probleme vorliegen, die beim Züchter nicht sofort erkennbar

Giftige Pflanzen

Viele Pflanzen sind für Hunde giftig. Wenn Ihr Welpe mit einem Pflanzenteil im Maul herumläuft, nähern Sie sich ihm ganz ruhig und vermeiden Sie direkten Augenkontakt, streicheln Sie ihn und nehmen Sie ihm das Pflanzenteil aus dem Fang. Loben Sie ihn nicht zu sehr, er könnte dies als Aufforderung verstehen, noch mehr Pflanzen heranzuschaffen. Befreien Sie Ihre Wohnung und Ihren Garten von Giftpflanzen.

waren. Ihr Tierarzt wird außerdem nach den Angaben des Züchters und den Eintragungen im Impfpass einen Impfplan aufstellen, der Auskunft darüber gibt, wann welche Impfungen oder Nachimpfungen fällig werden. Auch wird er feststellen, inwieweit die Wurmkur fortgesetzt werden muss.

Einführung in die Familie

Jedes Familienmitglied wird dem Einzug Ihres Welpen mit Freude und Aufregung entgegensehen, ihn streicheln und mit ihm spielen wollen. Es ist jedoch besser, die Begrüßungszeremonie nicht zu übertreiben, denn ein Zuviel an Aufmerksamkeit, zu viele Menschen und Hände wirken auf einen so kleinen Hund schnell beängstigend.

Er ist ohnehin bereits stark verunsichert, denn er wurde das erste Mal von seiner Mutter, seinen Geschwistern und dem ihm bis dahin einzigen vertrauten Menschen (dem Züchter) getrennt, und der Transport in sein neues Zuhause ist höchstwahrscheinlich auch seine erste Bekanntschaft mit einem Auto gewesen. Sie sollten ihn deshalb keinesfalls mit Aufmerksamkeiten und Liebkosungen „ersticken", da ihn dieses Verhalten nur noch mehr ängstigen würde. Damit soll jedoch nicht gesagt sein, dass der Kontakt mit Menschen in diesem Stadium nicht wichtig wäre, denn genau in dieser Zeit entwickelt sich eine spontane Beziehung zwischen dem Welpen und seiner neuen Familie. Sanftes Streicheln und liebkosende, beruhigende

Natürliche Gifte

Wenn Sie einen Garten besitzen, sollten Sie ihn nach versteckten Gefahren für Ihren Welpen überprüfen, bevor er sich dort frei bewegen darf. Überraschend viele Pflanzen sind giftig, und ein neugieriger Welpe macht davor leider keinen Halt. Fragen Sie Ihren Tierarzt nach giftigen Pflanzen, wie man sie erkennt und Unfälle vermeidet.

Dies soll genau nicht passieren... Der neugierige Welpe kaut auf einem Stromkabel herum!

Chemische Gifte

Auch Ihre Garage muss „hundesicher" sein. Pestizide und Frostschutzmittel müssen außerhalb der Reichweite des Welpen untergebracht sein, denn schon einige Tropfen können ihn töten. Der süßliche Geruch und Geschmack von Frostschutzmitteln verleitet jeden Welpen dazu, sie vom Boden aufzulecken.

Worte sind ihm eine genauso große Hilfe wie die Möglichkeit, seine neue Umgebung selbständig erforschen zu können – natürlich unter den wachsamen Augen seines Halters.

Ein Welpe kann seine erste Aufmerksamkeit seinen neuen Familienmitgliedern schenken oder sich auch erst einmal für einige Zeit der Erkundung seiner neuen Umgebung widmen. Nach und nach soll-

Gehen Sie mit Ihrem Welpen in den ersten zwei Wochen, nachdem Sie ihn vom Züchter abgeholt haben, zu einer Grunduntersuchung zu einem Tierarzt.

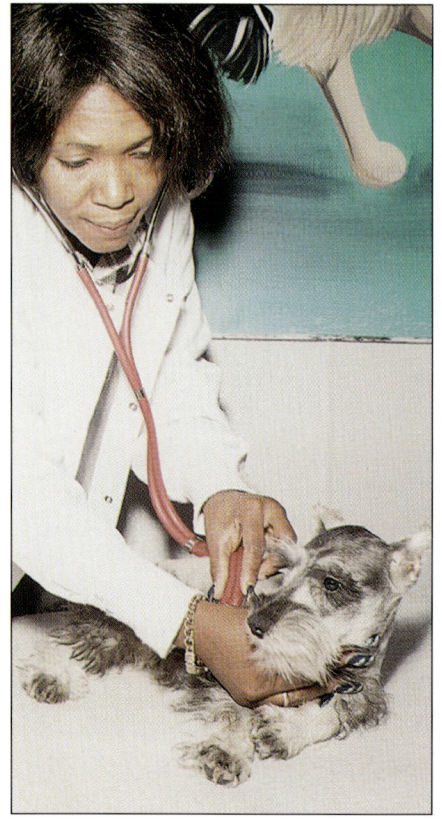

neue Gerüche und viele fremdartige Dinge, die untersucht werden müssen. Seien Sie deshalb so sanft, liebevoll und so ermutigend wie möglich und respektieren Sie sein Ruhebedürfnis.

Die erste Nacht im neuen Heim
Den Weg in sein neues Heim hat der Welpe sicher in seinem Körbchen oder seiner Box überstanden. Er hat auch schon den ersten Tierarztbesuch hinter sich, wurde gewogen, seine Papiere wurden überprüft, und vielleicht wurde er auch schon geimpft und entwurmt. Er hat seine neue Familie kennengelernt und alle Mitglieder, einschließlich der aufgeregten Kinder und der nicht ganz so glücklichen Katze, liebevoll abgeleckt. Er hat seine neue Umgebung erkundet, sein neues Bett ausprobiert und den Garten und andere Wohnbereiche, die ihm zugänglich sind, ausgiebig abgeschnüffelt. Er hat sein erstes Futter im

te jedes Familienmitglied etwas Zeit mit dem Welpen verbringen, sich dazu auf den Boden – also auf etwa die Ebene des Welpen – begeben, ihn an den Händen riechen lassen und ihn sanft streicheln. Der Welpe braucht die Aufmerksamkeit des Menschen und sollte auch unbedingt angefasst werden, denn so entsteht eine spontane Bindung.
Denken Sie aber bitte stets daran, dass der Welpe zum ersten Mal in seinem Leben binnen sehr kurzer Zeit mit vielen Neuheiten konfrontiert wird. Da sind fremde Menschen, fremde Geräusche,

Wie Impfstoffe wirken
Wenn Sie Ihren Welpen gerade erst bekommen haben, wissen Sie sicher, wie wichtig Impfungen für ihn sind. Aktive Impfstoffe enthalten genau die Erreger, gegen die der Körper Abwehrstoffe bilden und somit immunisiert werden soll. Damit die Erreger nicht gefährlich sind, wurden sie entweder abgetötet oder chemisch behandelt. Infiziert sich Ihr Hund nun, kann das Immunsystem sofort die geeignete Verteidigung einleiten!
Passive Impfstoffe enthalten bereits die notwendigen Antikörper und werden zur Behandlung einer bestehenden Infektion verwendet.

neuen Heim erhalten und ist an einem dafür vorgesehenen Platz Gassi gegangen. Er hat viele neue Geräusche gehört, den Geruch neuer Freunde aufgenommen und mehr von der fremdem Welt dort draußen gesehen als jemals zuvor. Und das war erst der erste Tag! Er ist völlig erschöpft und reif fürs Bett – zumindest haben Sie diesen Eindruck.

Es ist seine erste Nacht, und Sie wünschen ihm „Schöne Träume" – vergessen Sie jedoch nicht, dass dies auch die erste Nacht für ihn ist, die er allein verbringen muss. Seine Mutter und Geschwister sind nicht mehr nur eine Pfotenlänge von ihm entfernt, und ihm ist kalt, er fühlt sich allein und hat auch etwas Angst. Seien Sie Ihrem neuen Familienmitglied daher eine Ermutigung, wirken Sie beruhigend auf den Welpen ein, aber denken Sie auch daran, dass dies nicht die Zeit zum Verwöhnen ist - geben Sie seinem unvermeidlichen und kläglichen Winseln nicht nach.

Das Winseln eines Welpen dient der Kommunikation mit dem Rudel. Er will die anderen wissen lassen, wo er ist, und hofft, dass sie zu ihm kommen und ihm Gesellschaft leisten werden. Legen Sie Ihren Welpen in dem dafür vorgesehenen Zimmer in sein neues Bett oder in seine Box und schließen Sie die Tür. Nach einiger Zeit wird er ruhig werden und einschlafen. Wenn das Unvermeidliche eintrifft, ignorieren Sie das Winseln – es geht Ihrem Welpen gut. Seien Sie konsequent und denken daran, was das Beste für Ihren Welpen ist. Lassen Sie sich nicht von Mitleid übermannen, indem Sie aufstehen und nach ihm sehen. Über kurz oder lang wird er mit Sicherheit einschlafen.

Welpenprobleme

Die Mehrheit der bei Welpen auftretenden Probleme stellen sich von selbst ein, sobald Ihr Hund älter wird. Dennoch bestimmt die Art und Weise, wie Sie mit diesen Problemen umgehen, wie Ihr Hund später auf disziplinarische Maßnahmen reagiert. Es ist wichtig, von Anfang an klar zu machen, wer der Herr im Haus ist – hoffentlich Sie! Die Beziehung, die sich in den ersten Monaten zwischen Ihnen und Ihrem Hund bildet, ist für den Rest Ihres gemeinsamen Lebens ausschlaggebend.

Viele Züchter empfehlen, etwas von dem alten Schlafplatz des Welpen in sein neues Bett zu legen, so dass er den Geruch seines Rudels erkennt. Andere wieder raten dazu, dem Welpen eine Wärmflasche ins Bett zu legen, die ihn warmhält. Dies ist keine schlechte Idee, vorausgesetzt, der Welpe nuckelt nicht an

Sozialisierung

Die Sozialisierung umfasst nicht nur den Kontakt mit anderen Menschen, sondern auch die Konfrontation mit neuen Situationen wie das Fahren im Auto, die Fellpflege, neue Geräusche, das Herumlaufen in einer Menschenmenge – diese Liste ist endlos. Je mehr Erfahrungen Ihr Welpe sammelt und je positiver diese sind, desto geringer sind der Schock und die Angst bei der Konfrontation mit neuen Dingen.

der Wärmflasche herum, löst so den Verschluss oder zerbeisst die Wärmflasche sogar, denn ein nasser Welpe schläft nicht so schnell ein.

Die erste Nacht im neuen Heim kann sowohl für den Welpen als auch für Sie mit einigem Stress verbunden sein. Denken Sie daran, dass Sie in Ihrem Haus den Ton angeben und bestimmen, wann Schlafenszeit ist. Wenn Sie also nicht jeden Tag bis 22 Uhr, um Mitternacht und morgens um 2 Uhr mit Ihrem Welpen spielen wollen, dann sollten Sie eine solche Entwicklung von vornherein unterbinden.

Das Verhindern von typischen Problemen mit Welpen

Sozialisierung

Nachdem alle Vorbereitungen abgeschlossen sind und sich Ihr Welpe in seinem neuen Heim eingewöhnt und mit der Familie Freundschaft geschlossen hat, ist es Zeit, dass der versprochene Spaß beginnt. Die Sozialisierung Ihres

Zwergschnauzer-Welpen verschafft Ihnen die Möglichkeit, Ihren neuen Freund vorzuzeigen. Ihr Welpe kommt in den Genuss festzustellen, welche Vorteile man als unwiderstehliches Fellbündel genießt, das jeder streicheln will und dabei den Eindruck erweckt, dass er etwas ganz Besonderes ist.

Eine gute Sozialisierung umfasst nicht nur den Kontakt mit den Familienmitgliedern, sondern auch mit anderen Menschen, Tieren und Situationen. Aus offensichtlichen Gründen sollte er jedoch nicht in engen Kontakt mit Ihnen nicht näher bekannten Hunden kommen, solange seine Grundimpfungen noch nicht abgeschlossen sind. Dies hilft ihm dabei, zu einem anpassungsfähigen Hund heranzuwachsen, und verhindert, dass er neuen Dingen und Situationen gegenüber ängstlich reagiert. Die Sozialisierung eines Welpen beginnt bereits beim Züchter und geht dann in die Verantwortung des neuen Besitzers über. Die kritischste Phase der Sozialisierung fällt in das Alter

Die richtige Sozialisierung

Die Sozialisationsphase reicht bei Welpen von der achten bis zur sechzehnten Woche. Dies ist auch die Zeit, in der die Welpen von ihrer Mutter getrennt werden sollten und zu ihren neuen Besitzern kommen, wo sie neue Menschen und andere Haustiere treffen. Eine falsche Sozialisation kann die Ursache für ängstliche und schüchterne Hunde sein, denen es an Selbstvertrauen mangelt. Diese Hunde werden nicht selten aus ihrer Angst heraus aggressiv gegen Menschen und Tiere.

von 16 bis 20 Wochen, denn innerhalb dieser Zeit formen sich die Eindrücke, die der Welpe von seiner Umwelt hat. Jeglicher Kontakt mit anderen Menschen oder Tieren sollte in dieser Zeit bewusst zärtlich und ermunternd sein. Eine mangelhafte Sozialisierung während dieser Zeit kann sich später in Form von Angst oder Aggressivität manifestieren. Ihr Welpe sollte häufig mit anderen Menschen und Tieren zusammenkommen, oft angefasst und liebevoll umsorgt werden. Nachdem Ihr Welpe all seine notwendigen Impfungen erhalten hat, können Sie ihn gefahrlos ausführen – natürlich stets an der Leine. Machen Sie ihn mit Ihrer Nachbarschaft bekannt, nehmen Sie ihn auf Ihren täglichen Besorgungsgängen mit, erlauben Sie anderen Personen ihn anzufassen, lassen Sie ihn an anderen Hunden und Tieren schnüffeln und so weiter. Welpen müssen sich nicht um neue Freundschaften bemühen, denn sie treffen gewöhnlich ständig auf tierliebe Menschen, die ihnen ihre Aufmerksamkeit schenken. Allerdings sollten Sie jeden neuen Kontakt aufmerksam überwachen. Wenn beispielsweise die Kinder Ihrer Nachbarn den Neuankömmling begrüßen wollen, so ist generell nichts dagegen einzuwenden, denn Kinder und Welpen sind meistens die besten Freunde. Es kann jedoch auch dazu kommen, dass ein aufgeregtes Kind unbeabsichtigt zu grob mit den Welpen umgeht oder ein übermütiger Welpe in seiner Verspieltheit nach der Hand des Kindes schnappt. Die Erfahrungen während der Sozialisierung sollten in jedem Fall positiv sein, denn alles, was der Welpe innerhalb dieser sehr wichtigen Entwick-

Erziehung erwünscht!

Während des Sozialisierungsprozesses sollte ein Welpe andere Menschen, eine neue Umgebung und andere Hunde kennenlernen. Durch das Spielen mit seinen Wurfgeschwistern und anderen Hunden lernt er, seine Kräfte zu kontrollieren und auch, wie er sich in seinem Rudel zu verhalten hat. Das hilft ihm für den Rest seines Lebens dabei, sich in seine Rangstellung zu fügen. Die Welpen sollten nicht vor der vollendeten achten Woche von ihrem Rudel getrennt werden, denn bis da dauert die Phase, in der sie diese wichtigen Verhaltensweisen lernen.

lungsphase lernt, prägt sein Verhalten in später auftretenden Situationen. Ein Welpe, der mit einem Kind eine schlechte Erfahrung gemacht hat, kann später Kindern gegenüber ein scheues oder auch aggressives Verhalten zeigen.

Konsequenz im Training

Hunde sind Rudeltiere und benötigen deshalb einen Rudelführer. Ist ein solcher nicht vorhanden, versuchen sie ihre eigene Dominanz im Rudel zu etablieren.

Stressfreiheit

Einige Hundemediziner sagen, dass Stress innerhalb der frühen Entwicklungsphase eines Hundes das Immunsystem schwächen und somit die Lebenserwartung verkürzen kann. Sie unterstreichen daher die Notwendigkeit für eine glückliche Entwicklungsphase mit möglichst wenig Stress.

Wenn Sie einen Hund in Ihre Familie aufnehmen, liegt es an Ihnen, wer zum „Rudelführer" erhoben und wer zum „Rudel" degradiert wird. Die instinktive Neigung zur Dominanz Ihres Welpen in Verbindung mit der Tatsache, dass es nahezu unmöglich ist, einem unwiderstehlichen Zwergschnauzer-Welpen in seine großen Augen zu sehen, ohne dabei schwach zu werden, verschaffen ihm einen fast schon unfairen Vorteil im Kampf um die Oberhand. Und ein jeder Welpe wird unweigerlich ausprobieren, wie weit er bei seinem Halter gehen kann – womit kommt er durch und womit nicht!

Geben Sie diesen bittenden Augen von Anfang an nicht nach. Bleiben Sie standfest wenn es um die Erziehung Ihres Welpen geht, und stellen Sie sicher, dass alle anderen Familienmitglieder ebenso handeln. Die Situation, in der Frauchen Ihren Welpen von der Couch jagt, während er es gewöhnt ist, genau von dort aus mit Herrchen die Abendnachrichten zu sehen, ist lediglich verwirrend für ihn und trägt nicht zu seiner Erziehung bei. Vermeiden Sie derartige Diskrepanzen, indem Sie die Richtlinien darüber, was erlaubt und was verboten ist, vor dem Einzug des Welpen mit Ihrer Familie durchsprechen und festlegen – und vor allem: Bleiben Sie bei der Einhaltung dieser Richtlinien standhaft! Ein frühzeitig einsetzendes Training formt die Persönlichkeit Ihres Hundes, so dass es keinen Zweifel darüber gibt, was Sie zu erwarten haben. Nur so wird er seine Stellung im Rudel finden. Sie unterdrücken Ihren Hund damit nicht, Sie geben ihm Sicherheit.

Häufig auftretende Probleme mit Welpen

Der beste Weg zur Verhinderung von Problemen ist der, ein unakzeptables Verhalten gleich im Keim zu ersticken. Das alte Sprichwort „Man kann einem alten Hund keine neuen Tricks beibringen", entspricht nicht in jedem Fall der Wahrheit. Natürlich ist es viel einfacher, bei einem jungen, sich entwickelnden Welpen ein schlechtes Benehmen sofort zu unterbinden, als darauf zu warten, bis aus dem Welpen ein unerträglicher, erwachsener Hund geworden ist. Es gibt einige Probleme, die speziell bei Welpen in der Entwicklungsphase auftreten.

Kauspielzeug

Das Hundespielzeug soll Ihren Hund nicht nur geistig und körperlich fordern, sondern hilft auch bei der Zahnpflege. Hartgummispielzeug ist teilweise mit speziellen Rillen versehen, durch die der Plaque entfernt und so der Bildung von Mundgeruch und Zahnstein vorgebeugt wird, der zu Zahnfleischentzündungen führen kann.

Schnappen

Wenn Welpen mit dem Zahnen beginnen, verspüren sie den Drang, ihre Zähne in nahezu alles zu graben – unglücklicherweise schließt das auch Ihre Finger, Arme, Haare, Zehen und so weiter ein – eben alles, was gerade verfügbar ist. Sie mögen dieses Verhalten während der ersten fünf Sekunden noch niedlich finden – aber auch nur bis Sie spüren, wie spitz und scharf die Zähne eines Welpen sind. Dieses Verhalten werden

Sie umgehend und konsequent mit einem strengen „Nein!" unterbinden wollen (oder wieviele „Neins" auch nötig sein werden, bis Ihr Welpe versteht, dass Sie es ernst meinen) und Ihren Finger durch ein geeignetes Hunde-Kauspielzeug ersetzen.

Während dieses Verhalten bei einem jungen Hund lediglich lästig ist, kann es bei einem erwachsenen Zwergschnauzer mit seinen Zähnen und seinem kräftig entwickelten Kiefer, der es als normal

Auch wenn die Rassehundezucht zu immer größeren Ähnlichkeiten im Äußeren und im Wesen geführt hat, ist jeder Hund eine eigene Persönlichkeit.

57

Welpen-Training

Die Erziehung Ihres Welpen erfordert viel Geduld und kann anfangs recht frustrierend sein. Nach kurzer Zeit werden sich jedoch die ersten Erfolge einstellen. Falls Ihr Welpe unerziehbar erscheint, stellen Sie ihn einem Hundetrainer vor. Meist liegen die Probleme darin, dass die Hundehalter zu wenig über ihre Welpen und deren Eigenheiten wissen.

Weinen und Winseln

Ihr Welpe wird anfangs weinen, winseln oder irgendwelchen anderen Tumult veranstalten, wenn er allein gelassen wird. Das ist seine Art, sich Aufmerksamkeit zu verschaffen und sicherzustellen, dass Sie ihn nicht vergessen haben.

Allein gelassen fühlt er sich unsicher, was bereits der Fall ist, wenn Sie nur eben in den Garten oder in ein anderes Zimmer gehen und er Sie nicht mehr sehen kann. Die von Ihrem Welpen ausgestoßenen Laute sind ein Ausdruck der Angst, die er empfindet, wenn er sich allein gelassen fühlt. Er muss lernen, dass das Alleinsein etwas Normales und Unbedrohliches ist. Zu diesem Zweck trainieren Sie den Hund nicht dahingehend, dass er das Heulen und Winseln einstellt, sondern in die Richtung, dass er sich allein wohl und sicher fühlt. Die direkte Folge davon ist, dass er automatisch damit

Ihr Zwergschnauzer kann genauso ein kleiner Teufel sein, wie er das liebste Wesen der Welt sein kann. Eine konsequente Erziehung ist unerlässlich!

empfindet, an menschlichen Gliedmaßen herumzukauen, ausgesprochen unangenehm und unter Umständen gar gefährlich werden, wenn er dieses Verhalten auch kleinen Kindern gegenüber zeigt. Ihr Zwergschnauzer will Sie mit seinem freundlich gemeinten Zuschnappen bestimmt nicht verletzen, jedoch kann er seine eigene Kraft oftmals weder

Der Kampf gegen die Räude

Viele Welpen leiden an einem Befall mit Demodex-Milben. Sie infizieren sich über die Muttermilch. Die Milben befinden sich in den Haarfolikeln. Diese Form der Räude zeigt sich in einer lokalisierten oder einer generalisierten Form. Die lokalisierte Form tritt meist nur am Kopf auf, die generalisierte geht auf den gesamten Körper über. Die Symptome sind Haarausfall und eine Rötung der betroffenen Hautstellen. Die lokalisierte Form kann oft spontan ausheilen, wohingegen die generalisierte Form intensiv behandelt werden muss. Die Schädigung der Haut kann unbehandelt oftmals zu schweren Sekundärinfektionen führen.

richtig einschätzen noch kontrollieren, und selbst ein kleiner Hund kann kräftig zubeißen, wenn er es nicht besser weiß. Deshalb unterbinden Sie dieses Verhalten gleich zu Beginn.

aufhört, seiner Unzufriedenheit und Angst lautstark Ausdruck zu verleihen.

Bei diesem Abschnitt der Ausbildung kommt die mit Decken und mit Spielzeug ausgestattete Hundebox ins Spiel. Sie wollen, dass Ihr Welpe sicher ist, wenn Sie ihn allein und ohne Aufsicht zurücklassen müssen, und Sie wissen auch, dass die Hundebox dafür ein besserer Platz

ist, als ihm die gesamte Wohnung zur Verfügung zu stellen. Damit Ihr Welpe seinen Platz in der Box akzeptiert, muss er sich darin wohlfühlen. Aus diesem Grund ist es ausgesprochen wichtig, dass die Hundebox niemals zum Mittel von Bestrafungen wird, denn dann würde der Hund die Kiste mit einer negativen Erfahrung assoziieren.

Sie gewöhnen Ihren Welpen am besten an seine Box, wenn Sie ihn erst für kurze Zeit und dann für langsam immer länger werdende Intervalle, vielleicht zusammen mit einem Leckerbissen, in die Kiste sperren und währenddessen im selben Raum bleiben. Wenn er weint, winselt oder heult, ignorieren Sie dies, bleiben jedoch in seiner Sichtweite. Nach und nach wird er verstehen, dass der Aufenthalt in seiner Box nichts Bedrohliches ist, wodurch er diesen Vorgang dann auch weniger traumatisch empfindet, wenn Sie nicht anwesend sind. Vielleicht lassen Sie das Radio auf sanfter Lautstärke eingeschaltet, wenn Sie das Haus oder die Wohnung verlassen – der Klang einer menschlichen Stimme kann eine beruhigende Wirkung haben.

Wussten Sie schon?

Ein umzahnender Welpe will sich durch sein ständiges Knabbern Erleichterung verschaffen, weil sein Zahnfleisch und der Gaumen gereizt sind. Vielleicht findet er zu diesem Zweck ausgerechnet an Ihren Lieblingsschuhen Gefallen! Auch kleine Welpenzähne sind nicht zu unterschätzen. Dieser Kaudrang ist aber völlig normal und darf von Ihnen nicht unterdrückt werden. Sie sollten ihn aber in die richtigen Bahnen lenken. Ihr Welpe muss lernen, woran er knabbern darf und was für ihn tabu ist. Machen Sie ihm letzteres konsequent mit einem scharfen „Nein" klar und geben Sie ihm sofort ein erlaubtes Kauspielzeug. Loben Sie ihn andererseits überschwänglich, wenn er sich von allein dem für ihn bestimmten Spielzeug zugewandt hat. Auf diese Weise fördern Sie sein erwünschtes Verhalten. Übrigens sollte der typische Welpen-Kaudrang nach dem Zahnwechsel nachlassen; es ist jedoch eine Tatsache, dass auch die meisten erwachsenen Hunde nicht aufhören, an Gegenständen zu kauen – vielleicht aus Langeweile oder weil es ihnen Spaß macht.

Die tägliche Pflege
Ihres Zwergschnauzers

Überlegungen zur Ernährung und Fütterung

Heutzutage haben Sie eine reichhaltige Auswahl an Futtersorten für Ihren Zwergschnauzer. Es gibt Dutzende von Herstellern, die Futtersorten in allen möglichen Geschmacksrichtungen und Ausführungen vom Welpenfutter bis hin zu speziellen Futtersorten für alte Hunde anbieten. Es gibt sogar hypoallergene und fett- sowie kalorienarme Futtersorten. Da das Futter Einfluss auf das Fell, die Gesundheit und das Temperament Ihres Zwergschnauzers hat, ist es wichtig, dass die Wahl des Futters dem Alter und den Bedürfnissen Ihres

Hundes entspricht. Bei der großen Sortenvielfalt stehen allerdings auch erfahrene Hundehalter schnell vor der Frage, welches nun das beste Futter für ihren Hund ist. Nur wenn Sie die Bedürfnisse Ihres Hundes verstehen, können Sie auch die beste Wahl treffen.

Hundefertigfutter wird in drei Grundformen angeboten: trocken, halbtrocken und feucht. Das Trockenfutter ist gewöhnlich der preiswerteste Weg der Ernährung, die halbtrockenen und feuchten Futtersorten sind generell teurer. Die meisten Feuchtfutterarten bestehen zu 60 bis 70 Prozent aus Wasser, während die halbtrockenen Sorten oftmals derart viel Zucker enthalten, dass sie bei den meisten Hundehaltern nicht sonderlich beliebt sind, obwohl sie gerne gefressen werden – welches Kind mag keine Süßigkeiten?

Bei der Auswahl des richtigen Hundefutters müssen Sie die drei Entwicklungsphasen berücksichtigen: das Welpenstadium, die mittlere Altersstufe und die Seniorenjahre.

Die Ernährung des Welpen

Welpen besitzen den natürlichen Instinkt, an den Zitzen ihrer Mutter zu saugen. Dieses Verhalten sollten sie bereits an ihrem ersten Lebenstag zeigen. Wenn ein

Achten Sie drauf!

Trockenfutter muss in fest verschließbaren Behältern gelagert werden. Einmal geöffnet gehen innerhalb von neunzig Tagen die Vitamine verloren. Das Futter kann durch Schimmelpilzsporen oder kleine Tiere kontaminiert werden.

Welpe nicht innerhalb weniger Stunden nach seiner Geburt zu saugen beginnt, sollten Sie ihn direkt an eine der Zitzen der Mutter anlegen. Bringt auch dies keinen Erfolg, können Sie den Welpen nur noch unter der fachmännischen Anleitung Ihres Tierarztes mit der Flasche großziehen. Natürlich ist die Muttermilch (Kolostralmilch) um Vieles besser als jede käufliche Welpenmilch, denn sie beinhaltet Antikörper der Mutter, die den Welpen in den ersten acht bis zehn Wochen seines Lebens vor Infektionskrankheiten schützen. Wenn Sie Ihre Welpen mit einer kommerziell hergestellten Welpenmilch ernähren müssen, achten Sie nicht nur darauf, dass Sie die korrekte Menge füttern, sondern auch in den richtigen Zeitabständen und dass Sie ein Produkt in der entsprechenden Qualität kaufen!

Welpen sollten für mindestens sechs Wochen gesäugt und dann langsam entwöhnt werden. Zu diesem Zweck wird ab einem Alter von etwa einem Monat nach der Milchmahlzeit eine kleine Menge Welpenfutter gereicht. Die meisten Züchter bieten alternative Milchsorten und kleine Fleischmahlzeiten an, um die Entwöhnungszeit zu verkürzen.

Im Alter von sieben bis acht Wochen sollte der Welpe vollständig entwöhnt sein und mit einem speziellen Futter für Welpen ernährt werden. Ab der dritten bis vierten Woche sind erste Zufütterungen ratsam. Ein leicht verdauliches Welpenfutter – mit etwas Welpenmilch verdünnt – ist hier die beste Wahl. Der Welpe wächst in dieser Zeit sehr schnell, deshalb ist die Qualität der Ernährung besonders wichtig. Das Wel-

Futtervorlieben

Die Auswahl des besten Fertigfutters ist schwierig. Auch die Ernährungswissenschaftler sind sich nicht über die ideale Nährstoffzusammensetzung einig (Proteine, Fett, Faserstoffe, Feuchtigkeitsgehalt, Cholesteringehalt, Mineralstoffe und andere). Alle stimmen aber darin überein, dass eine ausgewogene Ernährung wichtig ist, jeder Hund jedoch als Individuum betrachtet werden muss. Sein Gewicht, sein Alter und seine Aktivität müssen gleichermaßen in die Überlegung einfließen. Das Beste ist, sich auf die Empfehlung eines Tierarztes zu verlassen. Die Ernährungsansprüche Ihres Hundes ändern sich sogar während seiner Lebenszeit.

Wenn Ihr Hund ein gutes Alleinfutter erhält, sollte auf Fleisch- oder Gemüsezusätze verzichtet werden. Manche Hunde mögen etwas Abwechslung beim Futter. Sie können ihm dann einfach eine andere Geschmacksrichtung anbieten oder dem Futter etwas Brühe in verschiedenen Geschmacksrichtungen untermengen.

pen- und Juniorfutter sollte generell ausgewogen und mit ausreichenden Mengen an Vitaminen, Mineralstoffen und Proteinen angereichert sein, damit zusätzliche Nahrungsergänzungen nicht nötig sind. Die tägliche Futterration sollte beim Welpen auf drei bis vier Mahlzeiten verteilt werden.

Bei weiteren Fragen zur Ernährung Ihres Zwergschnauzers wenden Sie sich im Zweifelsfall an Ihren Züchter oder Ihren Tierarzt.

Die Ernährung des erwachsenen Hundes

Ein Hund wird als ausgewachsen bezeichnet, wenn er körperlich aufgehört hat zu wachsen. Gewöhnlich liegt dieser Zeitpunkt vor dem geistigen Erwachsensein. Bei Ihrem Zwergschnauzer können Sie im Alter zwischen zehn und zwölf Monaten das Futter auf eine Ernährung für erwachsene Hunde umstellen. Die meisten Hersteller von Hundefutter sind auf diese Futtersorten spezialisiert. Das Angebot scheint schlichtweg unüberschaubar. Sie müssen sich eigentlich nur noch für eine Sorte entscheiden, die den Ansprüchen Ihres Hundes am besten entspricht. Ein aktiver Hund stellt andere Ansprüche als ein eher ruhiger.

Die Ernährung des älteren Hundes

Wenn Hunde älter werden, verändert sich neben verschiedenen äußerlichen Erscheinungen auch ihr Stoffwechsel. Der ältere Hund ist gewöhnlich weniger aktiv, bewegt sich langsamer und schläft mehr. Diese Veränderungen in seiner Lebensart und physiologischen Leistungen erfordern auch eine Ernährungsumstellung. Da sich diese Veränderungen langsam vollziehen, sind sie nicht immer leicht zu bemerken. Was Sie dagegen einfach und schnell feststellen werden, ist die Tatsache, dass Ihr Hund an Gewicht zunimmt. Wenn Sie Ihren Hund bei einem verlangsamten Stoffwechsel weiterhin mit Futter für erwachsene Hunde ernähren, nimmt er automatisch zu. Übergewicht fördert bei einem älteren Hund jene Gesundheitsprobleme, die mit dem natürlichen Prozess des Älterwerdens in Verbindung stehen.

Wenn Ihr Hund älter wird, lässt auch die Funktionsfähigkeit der meisten Organe nach. Die Nieren arbeiten langsamer, und die Verdauung ist auch nicht mehr so effektiv, wie sie einmal war. Diesen Umständen begegnen Sie am besten mit einer Ernährungsumstellung – kleineren Portionen und einer neuen Futtersorte. So etwas wie „die optimale Ernährung" für ältere Hunde gibt es nicht. Während vielen Hunden ein leichtes Seniorenfutter am besten bekommt, ist anderen mit einem Welpenfutter oder einer speziellen Ernährung aus Lammfleisch und Reis besser gedient. Widmen Sie der Ernährung Ihres älteren Zwergschnauzers viel Aufmerksamkeit, denn dadurch treten bestimmte Altersprobleme gar nicht erst auf oder können besser von Ihnen kontrolliert werden.

Wasser

Neben einem ausgewogenen und nährstoffreichen Futter braucht Ihr Hund Wasser. Wasser sorgt für die korrekte Feuchtigkeitsversorgung des Körpers und sichert die normalen Funktionen der Körpersysteme. Während der Erziehung zur Stubenreinheit ist es wichtig, dass Sie die von Ihrem Welpen aufgenommene Wassermenge kontrollieren. Ist er jedoch vollständig stubenrein, sollte er jederzeit unbegrenzten Zugriff auf frisches, sauberes Trinkwasser haben. Dies ist besonders dann wichtig, wenn Sie ihn ausschließlich mit Trockenfutter ernähren. Der Wassernapf Ihres Hundes sollte stets sauber sein und das Wasser regelmäßig gewechselt werden. Oft finden sich gerade nach den Mahlzeiten Essensreste darin.

Fütterungstipp

Das Hundefutter sollte immer Zimmertemperatur haben. Ein Napf mit frischem Wasser, das mindestens täglich erneuert wird, ist selbstverständlich, vor allem wenn Sie Ihren Hund mit Trockenfutter füttern.

Füttern Sie Ihren Hund niemals am Tisch, während Sie essen. Füttern Sie Ihren Hund niemals mit Essensresten, die oft zu fett oder stark gewürzt sind. Hunde müssen ihr Futter kauen, dabei sind harte Pellets ideal, Suppen und Brei sollten Sie vermeiden.

Fügen Sie einem kompletten Fertigfutter nicht wahllos irgendwelche Zusätze hinzu, denn damit verändern Sie die Ausgewogenheit dieser Produkte.

Außer einer gesundheits- oder altersbedingten Umstellung braucht der Hund keine große Abwechslung in der Ernährung. Sie können jeden Tag das gleiche Futter bekommen, ohne davon krank zu werden.

Womit füttern Sie Ihren Hund?

Beachten Sie die Inhaltsangaben Ihres Hundefutters. Viele Hersteller geben nur 50 bis 55 % der Inhaltsstoffe an und lassen die restlichen 45 bis 50 % ohne Angaben unter den Tisch fallen.

- 1,3 % Kalzium
- 1,6 % Fettsäuren
- 4,6 % Rohfasern
- 11 % Feuchtigkeit
- 14 % Rohfett
- 22 % Rohprotein
- **45,5 % ? ? ?**

50%
40%
30%
20%
10%
0%

Achten Sie aufs Gewicht!

Eine gute Ernährung ist wichtig für die Gesundheit Ihres Hundes. Viele Halter überfüttern ihre Hunde aber mit unnützen Beigaben, hier einige Beispiele:

• Das Hinzufügen von Milch, Joghurt und Käse scheint gut für das Fell und die Haut zu sein, aber Molkereiprodukte sind sehr fetthaltig und können Durchfall verursachen.

• Fettreiche Nahrung führt zwar nicht zu Herzanfällen, sorgt aber sicher dafür, dass Ihr Hund zunimmt.

• Glauben Sie bloß nicht, Ihr Hund hört erst dann zu fressen auf, wenn er keinen Hunger mehr hat. Wenn Sie ihm die Möglichkeit geben, frisst Ihr Hund Sie um Hab und Gut!

Bewegung

Sind Sie in der Lage, den Schnauzertest zu bestehen? Können Sie den Anforderungen des meist aktiven Schnauzers gerecht werden? Während jeder Hund ein bestimmtes Maß an Bewegung braucht, benötigt der Zwergschnauzer besonders viel und regelmäßigen Auslauf, um seine athletische Verfassung zu erhalten. Ein bewegungsarmer Lebensstil ist für den Zwergschnauzer wie eine Folter oder ein Gefängnis, oder beides. Wenn Sie Ihrem Zwergschnauzer keine regelmäßigen langen Spaziergänge und freien Auslauf, ungeachtet des Wetters, Ihrer Stimmung oder anderen Verpflichtungen, garantieren können, werden Sie ihn unweigerlich ruinieren. Der Zwergschnauzer ist ein sehr aktiver Hund, der lange Spa-

So wichtig ist Wasser

Wasser macht bei Hunden und Menschen, so wie bei den meisten lebenden Organismen, den Hauptanteil beinahe jedes Körperteils aus. Wir setzen das Vorhandensein von Wasser als selbstverständlich voraus, dabei wäre ohne Wasser kein uns bekanntes Leben möglich. Hunde benötigen – wie alle Lebewesen – Wasser, um ihren biochemischen Haushalt aufrecht zu erhalten. Wasser, das sie vor allem durch Hecheln verlieren, müssen sie wieder aufnehmen. Hunde können nicht so wie wir Menschen schwitzen, sie müssen hecheln, um ihren Körper abzukühlen. Dabei verdunstet das lebenswichtige Wasser. Menschen verlieren beim Schwitzen neben anderen Stoffen auch wichtige Elektrolyte, Hunde verlieren hingegen nur Wasser.

Eine ausreichende Versorgung mit Wasser ist immer wichtig, besonders aber an heißen und schwülen Tagen, wenn Ihr Hund trainiert oder hart arbeitet oder Sie ihn mit Trockenfutter füttern.

„Steht mir das Halsband auch wirklich gut?"

Während viele Menschen von ihrem Aussehen besessen sind und ihren Körper im besten Zustand halten, denken viele, dass ihrem Hund ein paar Pfunde zu viel gut stehen. In Wahrheit macht auch Hunde ihr Über- oder Untergewicht krank. Um den Ernährungszustand Ihres Hundes zu überprüfen, streichen Sie ihm mit der Hand über die Rippen. Können Sie diese unter der Speckschicht nicht fühlen, ist er zu dick, merken Sie jede Rippe deutlich, ist Ihr Hund zu dünn. Im Idealfall können Sie die Rippen leicht ertasten, ohne dass sie sich aber abzeichnen. Von oben betrachtet, sollte die Silhouette Ihres Hundes in etwa einer Sanduhr entsprechen, die in der Mitte dünner ist und zu beiden Enden hin deutlich kräftiger wird.

ziergänge, gelegentliche Wanderungen, Apportierspiele und Schwimmen genießt! Bekommt der Zwergschnauzer seine notwendige Bewegung nicht, kann er gelangweilt und destruktiv werden. Dann kann es sein, dass er sich an Ihrer Einrichtung oder sich selbst vergreift. Die Bewegung ist aber nicht nur für die körperliche Fitness wichtig, sondern auch für das mentale Wohl. Ein gelangweilter Hund wird irgendeine Beschäftigung finden, was sich häufig in zerstörerischem Verhalten äußert. So gesehen ist die Bewegung des Hundes auch für das mentale Wohl des Halters wichtig!

Die Körperpflege

Fellpflege
Bevor Sie einen Zwergschnauzer kaufen, sollten Sie bedenken, dass dies eine Rasse ist, bei der die Fellpflege etwas aufwändig ist. Sowohl beim Ausstellungshund wie auch beim reinen Familienhund. Es ist ähnlich wie bei einem Kind – man badet es, kämmt sein Haar und zieht ihm saubere Kleidung an. So hat man schließlich ein Kind, das gut riecht, nett aussieht und mit dem man gern zusammen ist. Genauso ist es mit

Was schmeckt ein Hund?
Wenn Sie manchmal beobachten, wie Ihr Hund sein Fressen einfach zu verschlingen scheint, fragt man sich, ob er überhaupt etwas schmeckt. Hunde haben von Geburt an ausgebildete Geschmacksnerven, die zwischen süß, salzig und sauer unterscheiden können.

Ihrem Hund. Er muss regelmäßig gebürstet, sauber gehalten und getrimmt werden. Dann werden Sie es genießen, mit ihm zusammen zu sein.

Das Fell des Schnauzers besteht aus zwei Schichten. Zum einen aus der dichten Unterwolle, die den Hund vor Witterungseinflüssen schützt, zum anderen aus dem rauhen Deckhaar. Die Fellpflege eines reinen Familienhundes ist normalerweise anders und wesentlich einfacher als die des Ausstellungshundes. Die meisten Schnauzerliebhaber halten ihren Hund als Familienhund und sie sollten nicht erwarten, dass ihr Hund das Fell eines Show-Hundes hat.

Falls Sie vorhaben, Ihren Zwergschnauzer auszustellen, tun Sie gut daran, den Welpen bei einem verantwortungsvollen Züchter zu kaufen, der seine Hunde ebenfalls ausstellt und entsprechend pflegt. So haben Sie die Möglichkeit, bei der Fellpflege zuzusehen und zu lernen, wie Sie Ihren Hund in Ausstellungskondition bringen. Falls der Züchter zu beschäftigt ist, was sein kann, wird er Ihnen sicherlich einen kompetenten Ansprechpartner empfehlen können. Die Fellpflege für die Show ist eine Kunst, und eine Kunst lässt sich nicht in wenigen Monaten erlernen. Man kann sich das Wissen auch aus einem Buch anlesen. Das ist aber sehr schwierig – schon fast unmöglich.

Der hauptsächliche Unterschied zwischen dem Familien- und dem Showhund ist der, dass beim Showhund die Unterwolle dicht ist, das Deckhaar glänzend und hart ist und wie eine Jacke passt. Mit dem richtigen Fell wirkt der Hund im Ring so gepflegt, dass er nur schwer

Futterumstellungen

Sie wissen als Halter sehr gut, wie wichtig eine abwechslungsreiche, aber gleichbleibende Ernährung Ihres Hundes ist. Manchmal werden Sie aber gezwungen sein, die Ernährung Ihres Hundes beispielsweise im Urlaub schnell umzustellen. Bei manchen Hunden kann das Verdauungsstörungen verursachen. Um dies zu vermeiden, können Sie das Futter langsam umstellen, indem Sie über eine Woche jeden Tag einen größeren Teil des alten Futters gegen das neue austauschen, bis Ihr Hund nur noch das neue Futter in seinem Fressnapf hat.

Ihr Zoohändler hat eine große Auswahl an Pflegeutensilien. Dort werden Sie das geeignete Zubehör bestimmt finden.

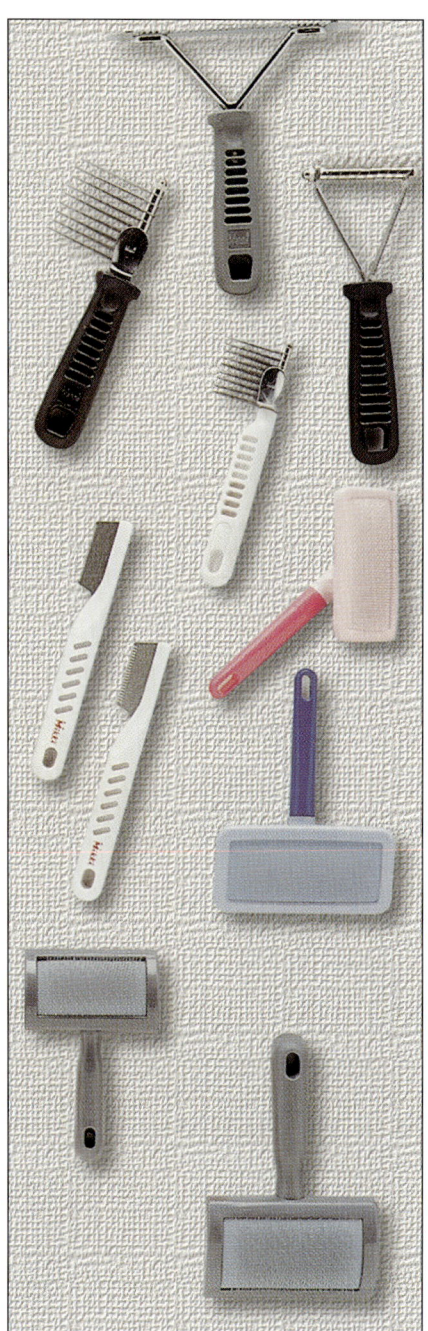

zu schlagen sein wird. Ein solches Fell kann nur durch das Zupfen des Haares mit einem Trimmmesser oder von Hand erreicht werden. So wird innerhalb von sechs bis acht Wochen, bei richtiger Pflege, aus dem Hund „in der Unterwäsche" ein Hund in elegantem, neuem Look für den Ring. Um das zu erreichen, braucht man allerdings Geschick, Zeit und Interesse. Für die Fellpflege des reinen Familienhundes dagegen braucht man nur eine Schermaschine und eine Schere. So wird man zwar nicht das rauhe, jackenähnlich anliegende Ausstellungshaarkleid erreichen, aber man wird einen ordentlichen, sauberen und zurechtgemachten Hund haben, der immer noch wie ein Zwergschnauzer aussieht. Auch Züchter, die viel auf Ausstellungen gehen, scheren ihre älteren Hunde, ihre reinen Haushunde, sowie die, die nicht mehr ausgestellt werden.

Hier ist nun das Zubehör, das sie benötigen, wenn Sie Ihren Hund selber in Form bringen möchten:

1. Einen stabilen Trimmtisch mit rutschfester Auflage. (Sie können auch einen Tisch in Ihrem Waschkeller verwenden, wenn Sie eine rutschfeste Unterlage besorgen.) Ihr Hund hat es nun bequem, auch wenn er etwas eingeschränkt ist, und Sie können gut am Hund arbeiten. Ohne Tisch ist die Fellpflege dagegen eine sehr schwierige und frustrierende Angelegenheit. Lassen Sie den Hund auf dem Tisch niemals unbeaufsichtigt, er könnte sich beim Runterspringen verletzen!

2. Einen Metallkamm, eine Slickerbrush, sowie eine gute Schere und eine Krallenzange.

3. Eine elektrische Schermaschine.

Um zu beginnen, stellen Sie den Hund auf den Tisch und nehmen ihm die Leine ab, wenn Sie ihn alleine pflegen. Wenn Sie zu zweit sind, drehen Sie die Leine so, dass sie sich hinter den Ohren befindet und halten Sie sie straff. Lassen Sie den Hund nicht allein. Er könnte vom Tisch springen und sich verletzen. Nehmen Sie nun die Slickerbrush und bürsten Sie das ganze Fell durch. Den Bart bürsten Sie in Richtung Nase, das Fell am Körper in Richtung Rute. Die Rute bürsten Sie zu ihrem Ende hin. Das Haar an den Beinen wird in Richtung Körper gebürstet, das Haar an der Brust in Richtung Tisch. Nun heben Sie den Hund an den Vorderbeinen hoch und bürsten seinen Bauch, zuerst gegen den Strich, dann in Richtung Hinterteil. Anschließend können Sie der Reinlichkeit wegen mit der Schere den Bereich um den Penis herum trimmen. Bei Hün-

Ein rutschfester Tisch ist wichtig für die Pflege Ihres Zwergschnauzers. In Deutschland sind Tische mit „Galgen" allerdings nicht gerne gesehen!

dinnen trimmen Sie ein paar Haare rund um die Vulva.

Haben Sie nun Ihren Hund durchgebürstet, kämmen Sie jetzt sein Fell mit dem Metallkamm. So haben Sie schon eine ganze Menge loser Haare entfernt und Ihr Hund sieht bereits besser als vorher aus. Sollten Sie einige kleine Verfilzungen finden, lassen diese sich mit den Fingern oder mit dem Kamm lösen. Wenn Sie Ihren Hund jede Woche bürsten, werden Sie jedoch mit Verfilzungen keine Probleme haben.

Nun können wir die Schermaschine in die Hand nehmen. Ihr Hund braucht nur etwa alle drei Monate geschoren zu werden, aber vielleicht möchten Sie den Kopf etwas öfter scheren. Beginnen Sie mit dem Kopf und machen Sie folgendermaßen weiter: Scheren Sie zuerst Hals, Schultern und Körper, und zwar immer in Wuchsrichtung der Haare. Nun nehmen Sie den Kamm und kämmen die Haare an den Beinen in Richtung Tisch-

Pflegezubehör

Hier einige Beispiele, welche Hilfsmittel für die Körperpflege Ihres Hundes nützlich sind:

• Naturborstenbürste
• Drahtbürste
• Metallkamm
• Schere
• Föhn
• Gummimatte
• Hundeshampoo
• Ohrreiniger
• Wattebällchen
• dicke Handtücher
• Krallenschneider

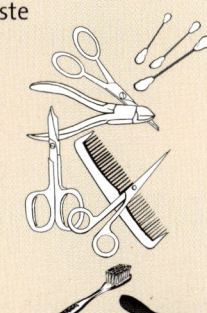

Bevor man zu schneiden anfängt, sollte der Zwergschnauzer vollständig gebürstet und gekämmt werden, damit abgestorbene Haare entfernt und hervorstehende Haare besser erkannt werden.

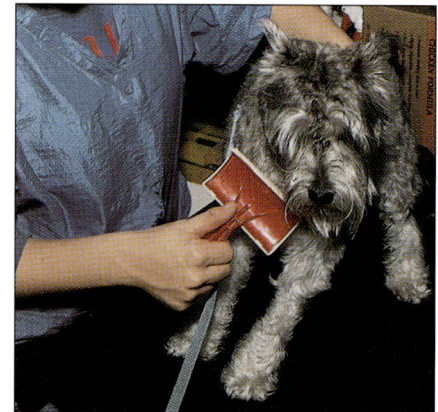

aus, wie Sie es erwartet haben, aber Sie werden von Mal zu Mal besser werden. Bald werden Sie stolz auf Ihre Leistung sein. Nun sollte Ihr Hund wie ein richtiger Zwergschnauzer aussehen.

Wenn Sie fertig sind, bringen Sie den Hund ins Badezimmer und baden ihn gründlich. Nach dem Abtrocknen stellen Sie ihn wieder auf den Trimmtisch und schneiden Sie die Krallen seiner vier Pfoten. Anschließend können Sie ihn noch trockenfönen oder aber an der Luft trocknen lassen und bürsten ihn noch einmal. Falls Sie mit der Fellpflege noch Probleme haben, können Sie Ihren Hund die ersten ein oder zwei Male in einen Hundesalon bringen. Dort wird man Ihren Hund „in Form" bringen. So haben Sie es das nächste Mal leichter, Ihrem Schnauzer das richtige Aussehen zu geben. Sie müssen sich nur an dem alten Schnitt orientieren. Sie können den Hund natür-

platte. Dann schneiden Sie die Haare in einer geraden Linie ein Stück ab.

Schneiden Sie alles ab, was irgendwie „absteht". Machen Sie das zum ersten Mal, kann es sein, dass Sie noch etwas ungeschickt sind. Aber das Haar wird in kurzer Zeit wieder nachwachsen. Das Endprodukt sieht vielleicht nicht ganz so

Gründliches Kämmen entfernt viele der losen Haare.

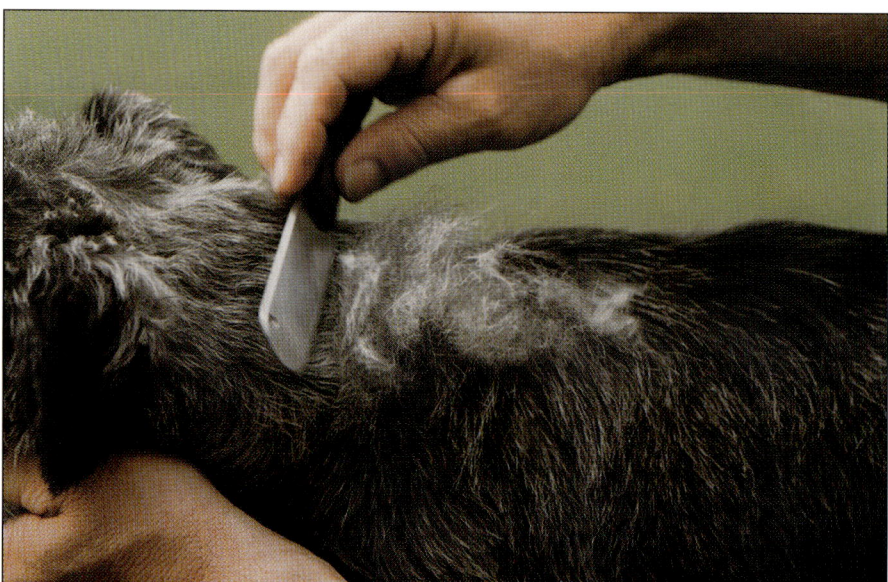

lich auch alle drei Monate in den Hundesalon bringen und nur das wöchentliche Bürsten selbst übernehmen!
Wächst das Fell jedoch vollständig aus, bevor Sie den Hund das nächste Mal trimmen, ist vom letzten Trimmen nicht mehr viel zu sehen und Sie müssen wieder ganz von vorn beginnen. Viele Hundebesitzer trimmen ihre Hunde sogar besser als ein professioneller Hundesalon.
Fassen wir noch einmal zusammen: Ihr Hund sollte einmal wöchentlich gebürstet und bei Bedarf gebadet werden. Kürzen Sie die Krallen etwa einmal monatlich und scheren Sie ihn alle drei Monate. Wenn Sie diesem Plan folgen, wird Ihr Hund gepflegt und immer wie ein richtiger Zwergschnauzer aussehen!

Baden

Hunde müssen nicht so häufig und regelmäßig baden wie Menschen, jedoch trägt auch bei ihnen das Baden zur Gesunderhaltung der Haut und zu einem schönen, glänzenden Fell bei. Auch hier gilt, je besser Sie Ihren Welpen mit dem Gebadetwerden vertraut machen, desto unproblematischer ist die Prozedur beim erwachsenen Hund. Wenn Sie Ihren Hund nicht von klein auf daran gewöhnen, von Zeit zu Zeit gebadet zu werden, dann kann jedes Bad für Sie, Ihre Wohnung und Ihren Hund zu einem nassen und seifigen Alptraum werden.
Bevor Sie Ihren Hund baden, sollten Sie sein Fell gründlich durchbürsten, damit Verfilzungen und Verknotungen entfernt werden, was bei nassem Fell bedeutend schwieriger ist. Stellen Sie Ihren Hund beim Baden auf eine rutschfeste Unterlage. Nun wird zuerst das Fell mit einem

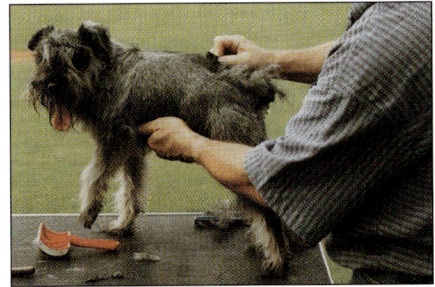

Kämmen Sie Ihren Hund zunächst, um lose Haare zu entfernen.

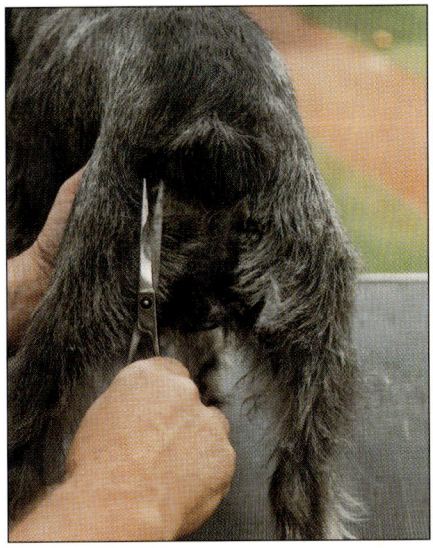

Trimmen Sie dann die Haare an den Hinterbeinen.

Seien Sie beim Trimmen der Ohren besonders vorsichtig.

Duscharm oder einem Gartenschlauch durchnässt. Achten Sie darauf, dass das Wasser handwarm ist. Nun tragen Sie das Shampoo auf, verteilen es gut und massieren es gleichmäßig ins Fell. Verwenden Sie nur ein spezielles Hundeshampoo und keines für das menschliche Haar. Nachdem der Körper eingeseift ist, wird der Kopf gewaschen, wobei darauf zu achten ist, dass kein Wasser oder Shampoo in die Ohren gelangt. Bei dieser Gelegenheit können Sie auch gleich die Haut Ihres Hundes auf Unebenheiten, Beulen, Zeckenbisse und andere Abnormalitäten hin abtasten. Baden Sie den Hund im wahrsten Sinne des Wortes von Kopf bis Fuß und lassen Sie auch die schlechter erreichbaren Körperpartien nicht aus.

Nachdem Ihr Hund rundherum eingeseift ist, muss das Shampoo gründlich ausgespült werden. Im Fell verbleibende Shampooreste führen zu Hautreizungen. Auch hierbei müssen Augen und Ohren vor dem Eindringen von Seifenwasser geschützt werden. Nach dieser Prozedur sollten Sie sich darauf gefasst machen, dass sich Ihr Hund ausgiebig schütteln wird, um so das Wasser aus dem Fell zu schleudern. Dies sollte bevorzugt im Freien geschehen. Falls Sie Ihren Hund nicht im Garten, sondern in der Badewanne gebadet haben, wickeln Sie ihn am besten in ein dickes Handtuch ein und tragen ihn zum Schütteln nach draußen.

Reinigung der Ohren

Die Ohren eines Hundes sollten stets sauber gehalten und die Haare in den Ohren zurückgeschnitten werden. Sie können mit einem Watteball und spe-

Badetipps

Nachdem Sie das Fell Ihres Hundes gründlich ausgespült haben, pressen Sie das überschüssige Wasser mit den Händen aus und trocknen den Hund mit einem Handtuch ab. Sie können das Fell auch an der Luft oder auch mit Hilfe eines Föhns trocknen. Bei kaltem Wetter sollten Sie Ihren Hund niemals mit nassem Fell nach draußen lassen.

Seit einiger Zeit sind Trockenshampoos in Spray- oder Puderform erhältlich, die zwischen den Bädern zum Reinigen verschmutzter Fellbereiche verwendet werden können. Sie stellen zwar keinen Ersatz für ein Bad dar, sind jedoch zum Entfernen von kleinflächigen Verschmutzungen ganz praktisch, denn sie müssen nicht ausgespült werden.

ziellem Reinigungsmittel oder auch mit Ohrpuder für Hunde gesäubert werden. Achten Sie dabei aufmerksam auf jegliche Anzeichen für Infektionen oder einen Ohrmilbenbefall. Wenn Ihr Zwergschnauzer häufig seinen Kopf schüttelt oder sich an den Ohren kratzt, ist das gewöhnlich ein Zeichen für ein gesundheitliches Problem. Verströmen die Ohren einen ungewöhnlichen Geruch, ist das ein klarer Hinweis auf einen Milbenbefall oder eine Infektion, weshalb umgehend ein Tierarzt zu Rate gezogen werden sollte.

Das Beschneiden der Krallen

Ihr Zwergschnauzer sollte so früh wie möglich daran gewöhnt werden, sich ohne Gegenwehr die Krallen beschneiden zu lassen, denn diese Prozedur stellt einen festen Bestandteil seiner lebenslangen Körperpflege dar. Abgesehen davon, dass die Pfoten so besser aussehen, ist es eher eine Sicherheitsmaßnahme, denn lange Krallen stellen für Sie und Ihre Familie eine unnötige Verletzungsgefahr dar. Außerdem kann sich Ihr Hund eine lange Kralle viel schneller an- oder ausreißen, und darüber hinaus lassen lange Krallen die Zehen weit auseinander stehen. Eine gute Faustregel ist die, dass wenn Sie die Krallen Ihres Hundes beim Laufen auf dem Boden hören können, es Zeit zum Beschneiden ist.

Bade-Tipp

Der Gebrauch von für den Menschen bestimmten Seifenprodukts wie Shampoos, Badeschaum und Seife kann der Haut und dem Fell Ihres Hundes ernsthaft schaden. Diese Produkte zerstören den Fettfilm der Haut und des Fells, der den Hund widerstandsfähig gegen Witterungseinflüsse macht. Ihr Hund braucht nur, dann ein Bad, wenn sein Fell stark verschmutzt ist oder der Tierarzt aus gesundheitlichen Gründen dazu rät.

Mit der elektrischen Schermaschine geht es schnell!

Zwergschnauzer

Entfernen Sie überschüssige Haare an den Ohren von Hand. Dies hilft, die Ohren von Schmutz und Infektionen freizuhalten.

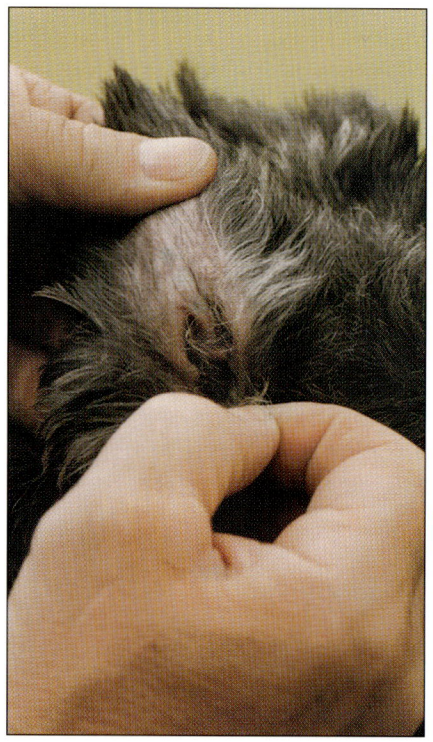

Ein sauber gezupftes Ohr.

Bevor Sie nun drauflosschneiden, sollten Sie sich davon überzeugen, dass Sie die Ader in jeder Kralle deutlich sehen können. Diese Ader verläuft in der Mitte jeder Kralle und reicht bis in die Nähe der Krallenspitze. Wenn diese Ader versehentlich beim Krallenschneiden verletzt wird, kommt es zu einer starken Blutung. Da dabei empfindliche Nervenenden verletzt werden, verursachen Sie Ihrem Hund auch noch Schmerzen. Es ist deshalb empfehlenswert, während des Krallenbeschneidens für den Notfall etwas blutstillende Watte oder einen entsprechenden Puder zur Hand zu haben. Auf die Schnittstelle aufgetragen, kommt die Blutung schnell wieder zum Stillstand. Falls es zu einem solchen Unfall kommen sollte, geraten Sie bitte nicht in Panik, sondern bringen Sie die Blutung zum Stoppen und reden Sie dabei besänftigend auf Ihren Hund ein. Nachdem er sich beruhigt hat, wenden Sie sich der nächsten Kralle zu. Es ist das Beste, statt eines relativ großen Stücks mehrmals kleine Teile der Kralle abzuknipsen, besonders bei Hunden mit dunklen Krallen, wo die Ader kaum zu erkennen ist.

Es ist wichtig, dass Ihr Hund bei dieser Prozedur still sitzt, denn jede plötzliche Bewegung wie das Wegziehen der Pfote oder Aufspringen stellen eine Verletzungsgefahr dar. Reden Sie mit Ihrem Hund in ruhigem und sanftem Ton, halten Sie dabei eine Pfote fest in einer Hand und beschneiden Sie dabei die Krallenspitzen, eine nach der anderen, mit der freien Hand. Spezielle Krallenschneider für Hunde sind dafür am besten geeignet und in guten Zoofachhandlungen oder auch vom Tierarzt erhältlich.

Reisen mit Ihrem Hund

Autofahren

Ihr Hund sollte sich bereits als Welpe an das Fahren im Auto gewöhnt haben. Auch wenn Sie Ihren Hund gewöhnlich nicht im Auto spazierenfahren, so müssen Sie doch hin und wieder mit ihm zum Tierarzt, und Sie werden bestimmt nicht wollen, dass diese Ausflüge für den Hund zu traumatischen Erlebnissen und für Sie zu einer Tortur werden. Der sicherste Platz für Ihren Hund im Auto ist seine Hundebox. Sie können zu dem Zweck dieselbe Box verwenden, die Ihrem Hund auch zu Hause zur Verfügung steht. Stellen Sie die Box im Auto auf die Rückbank, setzen Sie Ihren jungen Hund hinein und beobachten Sie seine Reaktion. Wenn ihm diese Situation so gar nicht zu behagen scheint, kann ihn auch ein mitfahrendes Familienmitglied oder eine andere Person auf dem Schoß halten. Eine wei-

Krallenpflege

Hornmantel

Ader

Schnittlinie

Ihr Zoofachgeschäft hat sicherlich eine spezielle Krallenzange für Hunde im Angebot.

Dunkel gefärbte Kralle

Bei dunklen Krallen ist die Ader oft nicht zu erkennen. Knipsen Sie sie stückchenweise ab oder gebrauchen Sie eine Feile.

Hell gefärbte Kralle

Bei hellen Krallen ist das Beschneiden viel einfacher, denn die Ader in der Kralle ist gut zu erkennen.

Reisekrankheit

Wenn das Leben eine Autobahn wäre, hätte Ihr Hund vielleicht gar keine Lust darauf! Einige Hunde werden in Autos reisekrank, was sich in starkem Speichelfluss oder gar Erbrechen äußern kann. In den meisten Fällen geht es Ihrem Hund besser, wenn er in seiner gewöhnten Box reisen kann. Um Ihren Hund an das Autofahren zu gewöhnen, unternehmen Sie zunächst einige kurze Fahrten, bevor Sie sich auf eine längere Reise begeben. Geben Sie ihm vor der Fahrt kein Futter und Wasser.

werden Sie nur schwer auf die Straßenführung und den Verkehr achten können – eine gefährliche und unfallträchtige Situation. Auf längeren Reisen müssen Sie regelmäßig anhalten, damit sich Ihr Hund erleichtern kann. Sie sollten alles Nötige bei sich haben, um die Hinterlassenschaften zu entfernen. Für den Fall, dass Ihr Hund im Auto einen „Unfall" hat oder reisekrank wird, sollten Sie ein altes Handtuch oder einen alten Putzlappen und etwas Reiniger bei sich haben.

Flugreisen

Für eine Flugreise mit Ihrem Hund müssen Sie sich zeitig vor Reiseantritt mit der betreffenden Fluggesellschaft in Verbindung setzen, da meist spezielle Vorbereitungen getroffen werden müssen. Es ist keineswegs ungewöhnlich, dass Hunde im Flugzeug reisen, jedoch muss die Genehmigung der Fluggesellschaft vorliegen. Der Hund wird gewöhnlich in einer Fiberglasbox transportiert. Sie dürfen entweder Ihre eigene benutzen oder müssen eine von der Fluggesellschaft mieten. Legen Sie das Lieblingsspielzeug Ihres Hundes mit in die Box. Der Hund darf mindestens sechs Stunden vor Abflug nicht gefüttert werden und sollte sich beim Trinken so weit wie möglich einschränken. Es ist aber vorgeschrieben, dass dem Hund auch während des Fluges Wasser zur Verfügung stehen muss. Stellen Sie sicher, dass Ihr Hund einwandfrei zu identifizieren ist und sich Ihre Kontaktdaten (Name, Telefonnummer und Adresse des Reiseziels) an seinem Halsband und seiner Box befinden. Hunde dürfen meist nur bis zu einem Gewicht von fünf Kilogramm in der Pas-

tere Möglichkeit ist der Gebrauch eines speziellen Sicherheitsgeschirrs für Hunde, das den Hund ähnlich wie ein Sicherheitsgurt auf seinem Platz festschnallt. Lassen Sie den Hund niemals frei im Auto herumlaufen, denn dies ist ausgesprochen gefährlich! Wenn Sie scharf bremsen, fliegt Ihr Hund wie ein Geschoss durch das Auto und kann sich und Sie schwer verletzen. Klettert er während der Fahrt zu Ihnen und ist ständig im Wege, sagierkabine mitfliegen, und obwohl solche Transporte für große Fluggesellschaften eine Routineangelegenheit sind, besteht ein gewisses Risiko, dass Sie durch einen dummen Zufall von Ihrem Hund getrennt werden.

Aufenthalt in der Hundepension

Sie wollen Familienurlaub machen und einmal alle Familienmitglieder nebst Hund dabei haben. Natürlich buchen Sie für jeden Urlaub die Unterkünfte im Voraus. Dies ist besonders wichtig, wenn Ihr Hund mitreist. Sie wollen bestimmt nicht das Risiko eingehen, eine Übernachtung im einzigen Hotel weit und breit einzuplanen, um dann herauszufinden, dass Hunde dort nicht erlaubt sind. Sie sollten keine Zimmer für die Familie buchen ohne zu erwähnen, dass auch ein Hund mit von der Partie ist. Alternativ dazu könnten Sie sich entschließen, Ihren Hund nicht mit auf die Reise zu nehmen. Das bedeutet, dass Sie sich für die Dauer Ihres Urlaubs um eine Unterkunft für Ihren Hund kümmern müssen. Nun könnten Sie ihn zu Ihrem Nachbarn geben oder er könnte vorübergehend bei ihnen wohnen, um sich um den Hund zu kümmern. Sie können Ihren Hund aber auch in eine zuverlässigen Hundepension geben.

Wenn Sie sich für diese Lösung entscheiden, sollten Sie sich die Unterkunft vorher genau ansehen und sich davon überzeugen, dass die dortigen hygienischen und sonstigen Bedingungen auch Ihren Vorstellungen entsprechen. Sprechen Sie mit den Angestellten und finden Sie heraus, wie die Hunde behandelt werden. Verbringen sie gemeinsame Zeit

Hundeboxen sind ideal für den Transport im Auto. Lassen Sie Ihren Hund nie frei im Auto laufen.

mit den Hunden, spielen sie mit ihnen und verschaffen sie ihnen die benötigte Bewegung? Erkundigen Sie sich auch nach den Richtlinien des Zwingers für Impfungen und danach, welche verlangt werden. Diese Richtlinien dienen dem Schutz aller Hunde im Zwinger, denn das Risiko zur Ausbreitung von Krankheiten ist dort, wo viele Hunde zusammen gehalten werden, naturgemäß höher.

Identifikation

Ihr Hund ist Ihnen ein wertvoller Gefährte und Freund. Aus diesem Grund behalten Sie ihn stets im Auge und haben sichergestellt, dass er nicht aus dem Garten verschwinden oder sich sein Halsband samt Erkennungsmarke abstreifen und weglaufen kann. Trotzdem kann es zu unvorhersehbaren Situationen kommen, in denen Sie plötzlich von Ihrem Hund getrennt werden. Wenn es zu einem solch tragischen Unfall kommt, wird Ihr erster Gedanke sein, Ihren Hund so schnell wie möglich wiederzufinden. Eine einfache Identifizierungsmöglichkeit wie eine Marke, eine Tätowierung oder auch ein Mikrochipimplantat erhöht die Chancen, dass Sie Ihren Hund schnell und gesund zurückerhalten.

77

Erziehung und Training
Ihres Zwergschnauzers

Mit einem unerzogenen Hund zu leben, ist auf Dauer genauso unbefriedigend, wie ein Klavier zu besitzen, ohne es spielen zu können: Schön anzusehen, aber mehr auch nicht. Nehmen Sie jedoch Klavierstunden, erwacht es plötzlich zum Leben und produziert Töne und Rhythmen, die Ihr Herz zum Singen und Ihren Körper zum „Swingen" bringen.

Ähnlich ergeht es Ihnen mit Ihrem Hund: Zuerst macht es Ihnen einfach Spaß, ihn bei seinen diversen Aktivitäten zu beobachten. Ihre Aufgabe ist eigentlich nur, ihn zu füttern, ihm Wasser zu geben und ihm genügend Bewegung zu verschaffen. Finden Sie das wirklich ausreichend? Ein Hund bedeutet viel Verantwortung, anfangs jedoch nur begrenzt Vergnügen. Und dieses Vergnügen wird manchmal noch getrübt, weil er Unarten entwickelt, die Sie ärgern oder wütend machen. Das kann doch nicht Sinn der Sache sein!

Also müssen Sie Ihren Zwergschnauzer erziehen. Es kann nicht oft genug betont werden: Auch ein kleiner Hund muss erzogen werden. Sie wollen ihn doch überall hin mitnehmen, Sie wollen ihn auch gelegentlich allein zu Hause lassen, vielleicht muss er auch von Zeit zu Zeit bei Freunden untergebracht werden – all dies ist viel einfacher mit einem wohlerzogenen Hund. Für Sie selbst, für Ihre Umgebung und nicht zuletzt auch für Ihren Hund! Sie haben mehrere Möglichkeiten. Als Hunde-Neuling könnten Sie sich und Ihren Hund zum Beispiel im einem Erziehungskurs anmelden. Dort lernen Sie, ihn zu erziehen, indem Sie selbst lernen, warum er sich so und nicht anders verhält. Finden Sie heraus, wie Sie sich Ihrem Hund verständlich machen können, und lernen Sie, seine Signale an Sie zu erkennen und zu verstehen. Ganz plötzlich sehen Sie Ihren Zwergschnauzer mit anderen Augen: Er ist klug, interessant und wohlerzogen; er ist nicht länger ein Spielzeug, sondern ein Partner, mit dem zusammen zu sein eine reine Freude ist. Und er zeigt Ihnen seine Zuneigung täglich auf's Neue! Mit anderen Worten: Ihr Zwergschnauzer wirkt Wunder für Ihr Ego; er erinnert Sie permanent daran, dass Sie nicht nur sein Herr, sondern einfach der Größte für ihn sind. Wundersame Dinge haben sich ereignet – Sie haben einen vorbildlichen, allseits beliebten Hund (sogar Ihren Freunden ist seine Verwandlung aufgefallen), und – geben Sie es zu – Sie sind ein bisschen stolz auf sich: Das ist schließlich Ihr Werk!

Viele Hundeausbilder, die Gehorsamstraining bei Hunden durchführen oder deren Besitzer durch entsprechende Aufklärung dabei unterstützen und anleiten, haben interessante Erkenntnisse gewon-

Wussten Sie schon?

Für den Hund entsprechen Ihre Hände seiner Schnauze: Sie halten fest, liebkosen, wehren ab und vieles mehr. Es ist also eine völlig natürliche Reaktion, dass er Sie zwickt, wenn Sie ihn beispielsweise durch grobes Anfassen zwicken – und keinesfalls echte Aggressivität! Und obwohl Beißen grundsätzlich nicht akzeptabel ist: Zuallererst müssen Sie lernen, mit Ihrem Hund richtig umzugehen.

Trainings-Tipp

Einen Hund zu trainieren ist eine Erfahrung fürs Leben. Viele Eltern sagen, dass sie vieles von dem, was sie über die Erziehung von Kindern wissen, durch den Umgang mit ihren Hunden gelernt haben. Hunde sprechen auf Liebe, Fairness und Führung genauso gut an wie Kinder. Ein guter Hundehalter ist vielleicht auch ein noch besseres Elternteil.

nen. Die höchste Erfolgsquote an wohlerzogenen, anpassungsfähigen erwachsenen Hunden ist zu verzeichnen, wenn die Erziehung schon im Welpenalter stattfindet. Das Training von Hunden im Alter

Das Training von Welpen im Alter von acht bis 16 oder höchstens 20 Wochen ist mit einem trockenen Schwamm vergleichbar, der in ein Wasserbecken gelegt wird: Wie der Schwamm das Wasser, so nimmt der Welpe alles auf, was Sie ihm zeigen, und er wartet begierig auf neue Dinge, die er ausprobieren und lernen kann. In diesem Alter wird sein Körper noch nicht von Geschlechtshormonen gesteuert, und genau darin liegt das Geheimnis des Erfolgs. Ohne den Einfluss dieser Hormone ist er vor allem auf seinen Besitzer konzentriert; sein Interesse an der Erforschung fremder Orte, Hunde oder auch Menschen ist noch wenig ausgeprägt. Sie sind sein Lebensinhalt, Sie geben ihm Futter, Wasser, Schutz und Sicherheit. Deswegen schließt er sich Ihnen an und bleibt auf Schritt und Tritt in Ihrer Nähe. Er wird Sie kaum aus den Augen lassen, wenn Sie mit ihm draußen sind, und auf fremde Menschen und Tiere so reagieren, wie er das bei Ihnen beobachtet. Wenn Sie beispielsweise einen Freund herzlich begrüßen, geht er auch freudig auf diese Person zu; wenn Sie jedoch der Annäherung eines Fremden

zwischen sechs Monaten und sechs Jahren bringt fast das gleiche Ergebnis – sofern die Hundebesitzer akzeptieren, dass ihr Hund in diesem Alter nicht mehr so schnell lernt und ihn mit der nötigen Geduld dabei unterstützen, das Potential seiner Fähigkeiten auch jetzt noch voll auszuschöpfen. Leider ist es genau diese Geduld, die so vielen Besitzern unerzogener erwachsener Hunde fehlt; sie halten einfach nicht durch, bis ihr Hund das gewünschte Verhalten gelernt hat.

irgendwie zögernd oder gar ängstlich begegnen, verhält er sich ebenso. Wenn dann die Hormonproduktion im Körper Ihres Welpen beginnt, kommt seine angeborene Neugier zum Vorschein und er beginnt, die Welt um sich herum intensiv zu erkunden. Vielleicht ist es Ihnen schon selbst aufgefallen: Dies ist der Zeitpunkt, ab dem Ihr Hund sich immer öfter immer weiter von Ihnen entfernt und manchmal sogar Ihre Aufforderung, in der Nähe zu bleiben, ignoriert. Spätestens jetzt sollten Sie anfangen, Ihren Zwergschnauzer zu erziehen – im Interesse aller Beteiligten. Leider finden Erziehungskurse nicht immer in erreichbarer Nähe statt, und manchmal ist der Unterricht auch viel zu teuer. Wie auch immer: Die folgenden Seiten sollen an die Stelle professioneller Anleitung in einer Hundeschule treten und Ihnen bei der Lösung Ihres Problems helfen. Sie können Ihren Zwergschnauzer nämlich auch zu Hause erziehen. Wenn Sie die Anleitungen Schritt für Schritt vertrauensvoll befolgen, werden Sie und Ihr Hund durch den mit Sicherheit eintretenden Erfolg belohnt. Ob Ihr Zwergschnauzer nun noch ein Welpe oder schon ausgewachsen ist: Die Trainingsmethoden und die Techniken, mit denen bestimmte Grundverhaltensweisen vermittelt werden, sind im Grunde dieselben. Eins muss aber von vornherein klar sein:

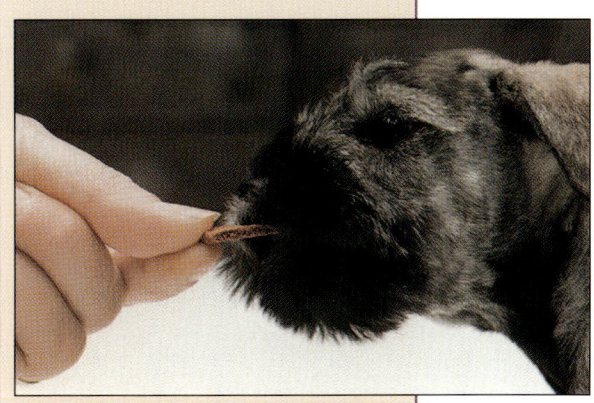

Wussten Sie schon?
Das Verhalten Ihres Hundes wird stark von Ihrer Reaktion geprägt. Wenn Sie Ihren Hund loben, wenn er Sie bei Ihrer Heimkehr ruhig begrüßt, entwickelt er sich zu einem wohlerzogenen Partner. Begrüßen Sie ihn aufgeregt und ermuntern ihn noch zu bellen, werden Sie ihn auch in anderen Situationen schwierig unter Kontrolle bekommen.

Seien Sie offen
Kein Hund ist wie der andere. Was sich bei der Erziehung des einen Hundes als erfolgreich herausstellt, bringt bei dem nächsten vielleicht überhaupt nichts. Deshalb: Seien Sie flexibel, denken Sie mit! Testen Sie andere Möglichkeiten.

Kein Hund – ganz gleich welchen Alters – verkraftet brutale oder unmenschliche Behandlung. Aber alle Lebewesen sprechen auf sanfte, motivierende Methoden an und reagieren auf Lob und Ermunterung. In diesem Sinne: An die Arbeit!

Erziehung zur Stubenreinheit
Jedem Welpen ist beizubringen, sich an einem bestimmten Platz – und nur dort – zu lösen. Viele Innenstadtbewohner zum Beispiel erziehen ihre Welpen dazu, ihr Geschäft im Rinnstein zu erledigen, weil es einfach nirgendwo Gras gibt. Vorstadtbewohner dagegen haben meist

einen Garten, an den sie ihre Welpen gewöhnen. Sie sehen: Draußen stehen die verschiedensten Bodenverhältnisse als mögliche Löseplätze zur Verfügung. Soll er sein Geschäft drinnen verrichten, greift man gewöhnlich zum Zeitungspapier.

Wenn Sie einmal festgelegt haben, auf welchem Untergrund Ihr Zwergschnauzer sich lösen soll, dann ist das eine Entscheidung für immer, das ist Ihnen hoffentlich klar. Wenn Sie Ihren Hund erfolgreich an Gras gewöhnt haben und es sich

Der Zeitungsteppich

Sie dürfen den Schlafbereich Ihres Welpen nicht mit Zeitungspapier auslegen. Vermutlich ist er beim Züchter mit Zeitungspapier aufgewachsen, das den Kleinen als Löseplatz gedient hat. Daran wird er sich bei Ihnen sofort erinnern. Wenn Sie dies nicht auch in Ihrem Haus ausdrücklich beibehalten wollen (dann aber ausschließlich an einer bestimmten Stelle!), sollten Sie kein Zeitungspapier auf den Boden legen – dies würde ihn nur verwirren. Übrigens sollten Sie Ihren Welpen vor dem Schlafen nicht mehr zu viel trinken lassen – dann hält er nachts viel besser durch.

nach zwei Monaten plötzlich anders überlegen, dürfte das für Hund und Herrn extrem schwierig werden.

Als nächstes überlegen Sie sich ein Kommando, das Sie ausnahmslos jedesmal benutzen wollen, wenn sich Ihr Welpe lösen soll. Da gibt es viele Möglichkeiten; häufig gebraucht wird zum Beispiel: „Musst Du Gassi?" Wenn ihm das von Ihnen bevorzugte Kommando geläufig geworden ist, machen Sie es sich, bevor Sie mit ihm hinausgehen, zur Gewohnheit ihn zu fragen: „Musst Du Gassi?". Er wird den Ausdruck wiedererkennen und genau wissen, was auf ihn zukommt. Wenn ihm das schließlich in Fleisch und Blut übergegangen ist, werden Sie schon an seiner Reaktion auf Ihre Frage erkennen können, ob er wirklich muss oder nicht. Aufgeregtes Umherlaufen, Schwanzwedeln, Begeisterung bedeuten unverkennbar „Ja!".

Die üblichen Zeiten

Merken Sie sich als Faustregel: Ihr Welpe muss sich nach dem Spielen, nach jeder Mahlzeit, nach dem Schlaf und jedesmal dann erleichtern, wenn er Ihnen dies durch unruhiges Schnüffeln anzeigt.

Blasen- und Darmmuskulatur sind in sehr jungem Alter nur unvollkommen entwickelt; deshalb ist dieser häufige Lösedrang beim Welpen ganz natürlich. Geben Sie ihm die Möglichkeit, sich zu lösen, indem Sie öfter mit ihm nach draußen gehen – im Alter von acht Wochen möglichst stündlich, mit zunehmendem Alter nach und nach seltener. Dem erwachsenen Hund werden dann drei bis fünf diesem Zweck dienende Gelegenheiten – über den Tag verteilt – völlig ausreichen.

Die Unterbringung des Welpen

Da die Unterbringung des Welpen – und damit die Möglichkeit, ihn zu kontrollieren – in unmittelbarem Zusammenhang mit einer erfolgreichen Sauberkeitserziehung zu sehen ist, sollen zunächst – bevor es an die praktischen Übungen geht – noch einige relevante Aspekte angesprochen werden.

Versuchen Sie einmal, sich in Ihren kleinen Welpen hineinzuversetzen: Ihn in sein neues Heim zu bringen und ihn dort loszulassen ist ungefähr so, als wenn Sie ein Kleinkind in einem Fußballstadion alleinlassen und ihm sagen, dies gehöre alles ihm! Es könnte schon allein die Dimensionen nicht verkraften.

Stattdessen bieten Sie Ihrem Kleinen besser kleinere, überschaubare Bereiche, in denen er spielen, schlafen, fressen und leben kann, vorzugsweise den Raum, in dem sich auch der größte Teil Ihres Familienlebens abspielt. Welpen sind Rudeltiere, die sich von Anfang an als Teil des Familienverbandes fühlen müssen. Ihre Stimme zu hören, Sie bei Ihrer Arbeit zu beobachten und Ihren Geruch in der Nase zu haben, während Sie in seiner Nähe sind, geben ihm die permanente Bestätigung, dass er wirklich dazugehört.

Besonders geeignet ist hier erfahrungsgemäß die Küche, vor allem, wenn eine Essecke angeschlossen ist; so ist er fast den ganzen Tag unter Aufsicht – zu seiner eigenen und auch zu Ihrer Sicherheit. In diesem bereits angesprochenen „Welpen-Familien-Raum" sollte ein Bereich abgeteilt sein, der allein Ihrem Kleinen zur Verfügung steht. Ein Welpenkorb, eine Draht- oder Kunststoffbox oder eine durch ein Gitter abgetrennte Ecke, von der aus

er die Aktivitäten der zu seinem Familienrudel gehörenden Menschen beobachten kann, sind genau das Richtige.

Die Größe dieses Welpengitters oder der Box spielt nun eine entscheidende Rolle: Der Welpe muss sich bequem hinlegen und ausstrecken können, er muss aber auch aufstehen können, ohne sich den Kopf zu stoßen. Andererseits muss sein Platz gerade so klein sein, dass er nicht die Möglichkeit hat, sich in der einen Ecke zu lösen und in der anderen ungestört durch seine eigenen Ausscheidungen zu schlafen. Wie gesagt, Hunde sind von

Entwicklungsstufen des Hundes

Es ist wichtig zu verstehen, wie sich ein Welpe zum erwachsenen Hund entwickelt. Als Welpenbesitzer sollten Sie den nachfolgenden Plan über die verschiedenen Entwicklungsstufen, die ein Junghund durchläuft, zu Rate ziehen um so herauszufinden, in welcher Phase sich Ihr Welpe gerade befindet. Diese Kenntnis wird Ihnen in den ersten Wochen und Monaten bei der Arbeit mit Ihrem Hund eine große Hilfe sein.

Phase	Alter	Merkmale
ERSTE BIS DRITTE	GEBURT BIS 7 WOCHEN	Der Welpe braucht Futter, Schlaf und Wärme und reagiert auf sanfte Berührung; er braucht seine Mutter, die ihm Sicherheit gibt und ihn erzieht, und seine Geschwister, um den Umgang mit anderen Hunden zu lernen; er lernt Rudelverhalten und die Rangordnung im Rudel zu akzeptieren. Er fängt an, mit Erwachsenen und Kindern Kontakt aufzunehmen und bewusst seine Umgebung wahrzunehmen.
VIERTE	8 BIS 12 WOCHEN	Das Gehirn ist voll entwickelt. Jetzt muss die Gewöhnung an die Außenwelt beginnen. Mutter und Geschwister werden immer weniger gebraucht. Kann jetzt vom Hunde- ins Menschenrudel wechseln und begreift schnell die menschliche Dominanz. Von acht bis 16 Wochen hat der Welpe seine „ängstliche" Phase; furchterregende und schmerzhafte Erfahrungen sollten von ihm ferngehalten werden.
FÜNFTE	13 BIS 16 WOCHEN	Beginn des Gehorsamstrainings. Reduzieren Sie den Kontakt Ihres Welpen zu anderen Hunden etwas, bringen Sie ihn mehr in menschliche Gesellschaft. Denken Sie daran: Nun beginnt der Wechsel zum Erwachsensein. Behandeln Sie ihn fest, aber gerecht! Sein Fluchtinstinkt ist jetzt deutlich ausgeprägt. Sowohl zu große Nachgiebigkeit als auch übermäßige Strenge können irreparable Schäden anrichten. Loben Sie ihn bei jeder Gelegenheit!
JUNGHUND	4 BIS 8 MONATE	Noch eine „ängstliche" Phase im Alter von sieben bis acht Monaten, die zwar schnell vorüber ist, aber dennoch sollte er in dieser Zeit nicht verschreckt werden oder Schmerz erleiden. Die Geschlechtsreife ist erreicht; die wichtigsten Charakterzüge sind gefestigt. Er sollte „Sitz", „Platz", „Komm" und „Bleib" befolgen können.

Anmerkung: Dies ist nur ein ungefährer Zeitrahmen. Einzelne Unterschiede bei den Welpen sind zu berücksichtigen.

Natur aus reinliche Tiere, die niemals freiwillig in der Nähe ihrer eigenen Hinterlassenschaften bleiben – es sei denn, sie würden ständig dazu gezwungen, weil sie keine andere Möglichkeit hätten; dann wären sie allerdings wohl für ihr ganzes Leben verdorben. Box oder Körbchen sollten mit sauberen Tüchern ausgestattet sein und auch Spielzeug enthalten. Füttern Sie ihn als Welpen nicht in der Box, und geben Sie ihm dort auch kein Wasser: Dies würde umgehend seinen Verdauungsdrang aktivieren, und er würde sich sehr unwohl fühlen bei seinen Versuchen „es einzuhalten", wenn nicht gar all Ihre bisherigen Bemühungen hierdurch zunichte gemacht würden.

Kontrolle

Dies bedeutet schlicht: Hilfe für den Welpen, seine Lebensweise voll der seines menschlichen Rudels anzugleichen. Ebenso wie wir schließlich auch unsere Kinder dazu bringen, unserem Tagesablauf zu folgen und ihn zu respektieren, müssen wir auch dem Welpen zeigen, wann seine Spiel-, Essens-, Schlaf- und Lösezeiten sind und wann er sich auch einmal allein beschäftigen muss.

Ihr Welpe sollte von Anfang an lernen, in seiner Box zu schlafen – und nur dort. Er

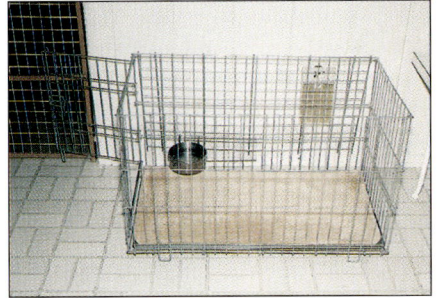

Drahtkäfige haben einen Vorteil gegenüber Plastikboxen: Sie bieten Ihrem Hund einen besseren Rundumblick, wenn er sich darin aufhält.

muss außerdem begreifen, dass er – zu seiner eigenen Sicherheit und Bequemlichkeit – tagsüber zeitweise in seiner Kiste auch allein bleiben muss: zum Beispiel wenn im Haushalt Durcheinander herrscht, oder vielleicht morgens beim Frühstück, wenn ein Familienmitglied nach dem anderen hektisch das Haus verlässt. Grundsätzlich: Jedesmal, wenn Sie Ihren Welpen allein lassen müssen, sollte er in seiner Box sein. Wie schon gesagt, Welpen kauen gern. Sie kennen aber nicht den Unterschied zwischen Tischbeinen, Schuhen, Elektroschnüren und Fernsehkabeln ... und vor allem das Erforschen der letztgenannten wäre wohl fatal für den Hund und Ihr Haus. Ein anderer Fall: Ihr Welpe nutzt die Zeit und nagt die Armlehne Ihres Sessels an. Es ist ganz natürlich, dass Sie sich darüber ärgern und ihn nach Ihrer Rückkehr ausschimpfen wollen – aber Halt! Schlucken Sie zweimal und denken Sie nach: Ihr Welpe würde hierdurch einzig und allein die Erfahrung machen, dass Ihre Rückkehr für ihn Strafe oder gar Schläge bedeutet! Die Armlehne hat er nämlich längst vergessen und ist somit nicht in der Lage, Ihren Zorn mit seiner Tat in Zusammenhang zu bringen. Und diese Bestrafung würde er mit Sicherheit nie vergessen!

Ein geflochtener Hundekorb ist nicht zu empfehlen, da die Welpenzähne ihn schnell zerbissen haben werden.

85

Wie oft am Tag muss Ihr Hund Gassi gehen?

Alter	täglich
bis 14 Wochen	etwa 10-mal
14 bis 22 Wochen	etwa 8-mal
22 bis 32 Wochen	etwa 6-mal
ausgewachsen	etwa 4-mal

Dies sind natürlich nur Richtwerte, die jedoch keinesfalls unterschritten werden dürfen.

Der Tagesablauf

Wie schon erwähnt: Nach jeder Mahlzeit, nach jeder Spielstunde, jedesmal, wenn Sie ihn aus seiner Kiste holen, jeden Morgen sofort nach dem Aufwachen (das kann durchaus schon um fünf Uhr sein!) und natürlich immer dann, wenn er es durch unruhiges Drehen und Schnüffeln anzeigt, muss Ihr Hund Gassi. Außerdem sollten Sie mit einem Welpen unter zehn Wochen sicherheitshalber stündlich nach draußen gehen. Wenn er älter wird, hält er es nach und nach länger aus.

Bringen Sie ihn grundsätzlich nur kurz zu seinem Löseplatz, nie länger als ungefähr fünf Minuten! Dann kehren Sie ins Haus zurück. Erleichtert er sich während dieser Zeit, loben Sie ihn in den höchsten Tönen und bringen ihn sofort in's Haus zurück. Wenn nicht, und das Unglück passiert nach Ihrer Rückkehr, nehmen Sie ihn sofort mit einem scharfen „Nein!" hoch und tragen ihn zu seinem Löseplatz zurück. Dort sollten Sie dann kurz bleiben, bevor Sie wieder ins Haus gehen. Niemals dürfen Sie Ihren Welpen schlagen, wenn ihm ein Missgeschick im Haus pas-

Außergewöhnliche Begebenheiten in Ihrem Haus wie Parties oder Familienfeiern mit vielen Besuchern findet auch Ihr Welpe aufregend – solange er sie aus der Geborgenheit seiner Kiste heraus beobachten kann und sich trotzdem nicht ausgeschlossen fühlt. Es wäre ihm wohl kaum geheuer, ständig Gefahr zu laufen getreten zu werden. Ihnen ist es sicher auch lieber, nicht ständig aufpassen zu müssen, dass er nicht vom Tisch gefüttert wird, was ohnehin ungesund für ihn ist.

Wussten Sie schon?

Zufallserfolge sind echte Glücksfälle, aber leider häufig recht kurzlebig. Dagegen ist der Erfolg, der sich aufgrund von wohl durchdachten, hundegerechten Trainingsmethoden häufig sogar leichter einstellt, von Dauer. Diese Erfolgsmethode bietet Ihnen als Welpenbesitzer die einfache, aber erprobte Möglichkeit, Ihren Welpen zu einem sauberen Hund zu erziehen, der sich in seiner Umgebung sicher und wohl fühlt.

siert, oder gar seine Nase in seine Hinterlassenschaften drücken! Unverständlicherweise scheint diese Unsitte recht verbreitet zu sein.

Wenn Sie dann endgültig wieder im Haus sind, sperren Sie den Kleinen zweckmäßigerweise in seine Box, damit Sie in Ruhe den Ort der Tat gründlich reinigen können. Sonst könnte er bei nächster Gelegenheit durch den noch wahrnehmbaren Geruch dazu stimuliert werden, sich wiederum hier zu lösen! Beobachten Sie ihn auf jeden Fall noch intensiver als zuvor, wenn er sich frei im Haus bewegt, damit Sie den Moment, wenn es

akut wird, nicht erst erkennen, wenn es bereits zu spät ist. Seien Sie Ihrem Welpen aber niemals böse, wenn „es" denn doch geschehen ist.

Mit der Zeit wird er begreifen, dass diese kurzen „Ausflüge" ausschließlich dazu dienen, sich zu lösen – nicht zum Spielen oder zu sonstigen Vergnügungen. Dann wird er drinnen und draußen spielen und trotzdem genau wissen, wann er sein Geschäft zu verrichten hat.

Gewöhnen Sie ihn auch an feste Zeiten, zu denen er sein Nickerchen machen, allein sein, allein spielen oder auch nur ausruhen soll.

Die Erfolgsmethode

1. Schritt Sagen Sie dem Welpen „Geh in die Box!" und setzen Sie ihn mit einer kleinen Belohnung (beispielsweise einem Stück Käse oder einem Stück vom Hundebisquit) hinein. Lassen Sie ihn fünf Minuten in der Kiste und bleiben im selben Raum. Dann lassen Sie ihn heraus und loben ihn überschwenglich. Holen Sie ihn aber keinesfalls heraus, wenn er jammert! Warten Sie so lange, bis er ruhig ist.

2. Schritt Wiederholen Sie Schritt 1 mehrmals am Tag.

3. Schritt Am zweiten Tag setzen Sie den Kleinen in seine Box wie am Vortag, lassen ihn aber erst nach zehn Minuten wieder heraus. Wiederholen Sie dies mehrmals.

4. Schritt Steigern Sie die Verweilzeiten in der Box nun jeweils um fünf Minuten, bis der Welpe 30 Minuten ohne Murren in seiner Box bleibt – immer noch in Ihrer Anwesenheit! Vergessen Sie nicht, ihn nach so langem Aufenthalt in der Kiste immer sofort zu seinem Löseplatz zu bringen.

5. Schritt Beginnen Sie bei Schritt 1, verlassen Sie jedoch nun den Raum, während der Kleine in der Box ist.

6. Schritt Steigern Sie die Verweilzeit in der Box in Fünf-Minuten-Schritten, bis er 30 Minuten darin bleibt, ohne dass Sie im Zimmer sind. Wenn er dabei sogar einschläft, haben Sie gewonnen – und können ihn unbesorgt einmal länger in der Box lassen.

In sechs Schritten an die Box gewöhnt

Zwergschnauzer

Die Hundebox ist das ideale Hilfsmittel bei der Erziehung zur Stubenreinheit und der Eingewöhnung.

Zeigen Sie ihm, dass es wunderbare Beschäftigungen auch dann für ihn gibt, wenn Sie einmal keine Zeit für ihn haben. Er muss lernen, dass er zeitweise mit Ihrer Nähe zufrieden sein muss, dass es aber – leider! – nicht Ihr Lebenszweck ist, nur für ihn dazusein. Auch wenn Sie Ihren Zwergschnauzer in seine Box setzen, sollten Sie jedesmal dasselbe Kommando benutzen (wie zum Beispiel „Geh in die Box!"). Nach kürzester Zeit wird er von allein zu ihr hinlaufen und hineingehen. Lassen Sie ihn aber anfangs nicht zu lange in seiner Box (außer natürlich während der Nacht, wenn ohnehin das ganze Haus schläft). Sämtliche Erfahrungen des Welpen mit seiner Box müssen ein Vergnügen bedeuten, dann wird Ihr Zwergschnauzer auch als ausgewachsener Hund mit Begeisterung längere Zeit in seiner geliebten Box verbringen. Er hat die Box als selbstverständlichen Teil seines Lebens akzeptiert. Aus allen bisherigen Ausführungen ist Ihnen sicherlich deutlich geworden, dass eine Box Sicherheit bringt, und zwar für den Hund, für Sie und auch für Ihr Haus. Dieses Gefühl der Sicherheit wird das Selbstvertrauen Ihres Welpen entscheidend fördern – neben der Tatsache, dass die Box ein wertvolles Hilfsmittel bei der Erziehung zu seiner Stubenreinheit ist. Ein weiteres Mittel, ohne das diese nicht zu erreichen ist, ist die ständige Überwachung des Hundes. Und die ist einfach nicht permanent möglich; deshalb ist es unumgänglich, dass es einen Platz gibt, an dem der Kleine sicher untergebracht ist und sich dabei wohlfühlt. Auch hier ist die Gewöhnung an die Box eine gute Wahl im Welpenalter und für sein ganzes Leben.

> ## Die Goldene Regel
> Die Goldene Regel der Hundeerziehung ist einfach: Auf jedes Kommando gibt es nur eine richtige Reaktion. Ein Befehl wird solange geübt, bis der Hund ohne zu zögern in der gewünschten Form darauf reagiert. Wiederholen Sie die Übung so oft wie notwendig, ohne dabei aber monoton zu werden. Hunde langweilen sich genauso schnell wie Menschen.

Abschließend lässt sich feststellen: Nur wenige Schlüsselelemente sind für eine erfolgreiche Sauberkeitserziehung vonnöten – Konsequenz, Regelmäßigkeit, Lob, Kontrolle und Beaufsichtigung. Wenn Sie diese Grunderfordernisse stets vor Augen haben, sollte Ihr gesunder Welpe schnell über die Phase der „Missgeschicke" hinaus sein.

Disziplin, Belohnung und Strafe
Jemandem Disziplin beizubringen heißt, ganz allgemein ausgedrückt, jemanden zu lehren, sich nach bestimmten vorgegebenen Regeln zu verhalten, die Ordnung in das Leben bringen, nicht mehr und nicht weniger. Ohne Disziplin, insbesondere in einer größeren Gemeinschaft, bricht Chaos aus, und die Gruppe wird früher oder später auseinanderbrechen. Menschen und Hunde sind soziale Lebewesen, deren Gemeinschaft ohne eine gewisse Disziplin nicht funktionieren kann. Sowohl im Hunde- wie auch im menschlichen Familienverband muss Futter besorgt, das Heim geschützt, der Nachwuchs betreut und die Vermehrung gesichert werden, damit die Art nicht aus-

Wussten Sie schon?

Sie sollten Ihren Hund, sobald er etwas älter geworden ist, nicht mehr zu seinem Löseplatz tragen. Führen Sie ihn an der Leine dorthin, oder locken Sie ihn, so dass er Ihnen folgt. Wenn Sie nicht rechtzeitig aufhören, ihn zu seiner „Toilette" zu tragen, werden Sie das letztendlich auf ewig tun müssen – und Ihr Kleiner hat Sie erfolgreich erzogen!

stirbt. Das Lebewesen, das disziplinlos ist und sich in eine solche Gemeinschaft nicht einfügt, würde verhungern oder von Stärkeren gefressen werden.

Und hier schließt sich der Kreis: Unsere Haushunde brauchen Disziplin um zu verstehen, wie ihr Rudel (also Sie und Ihre Familie) funktioniert und wie sie sich zu verhalten haben, um in diesem Rudel zu überleben.

In einem dicht besiedelten Gebiet wurden kürzlich diejenigen innerhalb dieser großen menschlichen Gemeinschaft, die Hundebesitzer waren, darüber befragt, wie sie das Zusammenleben mit ihrem Hund beurteilten. Das Ergebnis kann nicht verwundern: Diejenigen, die ihren Hund systematisch erzogen hatten, waren zu 75 % zufriedener mit ihren Haustieren als die Leute, deren Hund keine solche Erziehung genossen hatte.

Der amerikanische Psychologe Dr. Edward Thorndike hat eine Theorie aufgestellt, die unter dem Namen „Thorndikes Theorie des Lernens" bekannt geworden ist und auf der simplen Erfahrung gründet, dass ein Verhalten, das ein erfreuliches Ereignis nach sich zieht, gern wiederholt wird. Und auf dieser Theorie bauen in der heutigen Zeit alle Trainingsmethoden auf. Wenn Sie einem Hund beispielsweise ein bestimmtes Kunststück beibringen und ihn belohnen, sobald er es gezeigt hat, wird er es gern wiederholen – einfach weil er das Endergebnis genießt! Gelegentlich ist eine Bestrafung für ein Fehlverhalten unumgänglich. Am effektivsten haben sich Strafen erwiesen, die von einer äußeren Quelle kommen. Ein Beispiel: Einem Kind wird verboten, den Ofen anzufassen, da es sich verbrennen könnte. Es gehorcht nicht, sondern berührt den Ofen. Es verbrennt sich und erleidet Schmerz. Von nun an wird es den Ofen meiden. Auch der Umkehrschluss gilt: Ein Verhalten, das zu einem unerfreulichen Ereignis führt, wird nicht wiederholt.

Ein treffendes Beispiel für diese These liefert der Hund, der ständig die Familienkatze jagt. Schon hundertmal wurde ihm befohlen, die Katze nicht zu ärgern, aber er hört einfach nicht damit auf! Bis eines Tages die Katze gehörig die Nase voll hat, sich umdreht, ihm mit ihren scharfen Krallen einen Ratscher quer durch's Gesicht zieht und ihn mit einer schmerzhaften Wunde auf der

Nase stehenlässt – mit dem Ergebnis, dass der Hund die Katze fürderhin ignoriert. Verstehen Sie, was gemeint ist?

Nützliche Trainingshilfen

Halsband und Leine
Für die meisten Hunde ist ein einfaches Nylon- oder Lederhalsband von angemessener Breite, das mittels einer stabilen Schnalle geschlossen wird, völlig ausreichend. Dies gilt insbesondere für Hunde von der Größe eines Zwergschnauzers. Halsbänder in großer Auswahl können Sie im Zoogeschäft erwerben.
Es ist empfehlenswert, eine ein bis zwei Meter lange Leine aus Leder, Kunststoff oder reißfestem Textilmaterial zu verwenden. Eine Kettenleine aus Metall ist weniger praktisch, da sie weniger griffig ist und unangenehm scheuern könnte, wenn sie durch die Hände rutscht.

Leckerbissen zur Belohnung
Davon können Sie gar nicht genug in der Tasche haben! Irgendetwas Nahrhaftes, was nicht erst lange gekaut werden muss, eignet sich am besten; ein Käsebröckchen oder ein Stückchen gekochtes Hühnerfleisch sind weich genug und viel besser

Sie sind dafür verantwortlich, die Hinterlassenschaften Ihres Hundes in öffentlichen Anlagen zu entfernen.

als trockener Hundekuchen. Wenn Ihr Hund nämlich erst lange auf einem harten Bisquitstück herumkauen muss, vergisst er vielleicht, womit er sich diese Belohnung ursprünglich verdient hatte (und damit wäre das Ziel der Übung, zumindest für diesmal, verfehlt).
Übrigens: Machen Sie sich keine Sorgen, dass zu viele Belohnungen dieser Art Ihren Hund dazu verführen, bei Tisch zu betteln! Ein Hund bettelt nur bei Tisch, wenn er auch Essen vom Tisch bekommt. Im Training wird er jede Belohnung durch Futter mit Lob für sein vorangegangenes Verhalten assoziieren, über das sich sein Besitzer offensichtlich sehr gefreut hat.

Das Training beginnt...
mit einer Frage!
Gleichgültig, was Sie Ihrem Hund beibringen wollen: Sie müssen zunächst irgendwie seine Aufmerksamkeit auf sich lenken (jeder Erziehungsversuch wird scheitern, wenn er gerade in eine andere Richtung blickt und mit seinen Gedanken ganz woanders ist). Am besten gelingt Ihnen das mit einer Frage (immer derselben!). Um ihn auf sich aufmerksam zu machen, fragen Sie: „Wollen wir üben?" Im selben Moment gehen Sie zu ihm, geben ihm eine Belohnung und loben

> ### Immer mit der Ruhe
> Trainieren Sie Ihren Hund niemals wenn Sie verärgert oder in schlechter Stimmung sind. Hunde reagieren insbesondere auf Ärger äußerst sensibel und bringen Ihre schlechte Laune mit dem gemeinsamen Training in Verbindung. Dadurch wird das Training zu einer negativen Erfahrung und löst Widerwillen oder sogar Angst aus.

Bitte spielen einplanen!

Ihr Welpe muss regelmäßig spielen und laufen. Sein Auslauf kann aus einem kurzen Spaziergang um das Haus oder durch den Garten bestehen; besondere Freude wird ihm bereiten, wenn Sie ihm einen Ball oder einen zusammengeknoteten Socken zuwerfen, dem er nachjagen kann (benutzen Sie während des Zahnwechsels keine zu harten Gegenstände). Wenn Sie im Haus mit ihm spielen, sollte dies, zumindest bis er stubenrein ist, nur in dem für ihn vorgesehenen Bereich geschehen.

ihn: „Guter Hund!" Nach ein oder zwei Minuten wiederholen Sie die Prozedur, gehen aber diesmal mit der Belohnung in der Hand auf ihn zu. Kurz bevor Sie ihn erreichen, bleiben Sie stehen, zeigen ihm die Belohnung und stellen dann die Frage: „Wollen wir üben?" Sobald er die Belohnung in Ihrer Hand entdeckt hat, kommt er Ihnen vermutlich das letzte Stück entgegen – Sie geben ihm seine Belohnung mit einem dicken Lob. Beim drittenmal machen Sie es noch etwas anders: Stellen Sie die Frage mit dem

Leckerchen sichtbar in der Hand und gehen Sie nur ein, zwei Schritte in seine Richtung, so dass er fast den ganzen Weg zurücklegen muss, um es zu bekommen. Loben Sie ihn auch jetzt wieder! Spätestens jetzt wird ihm aufgehen, dass es sich für ihn auszahlt, auf Sie zu hören, besonders wenn die besagte Frage gestellt wird: Er hat gelernt, dass die Frage „Wollen wir üben?" Spaß und Leckerbissen bedeutet. Dabei versteht der Hund natürlich nicht die Worte, die Sie zu ihm sagen; er erkennt nur den besonderen Klang der Frage. Ihre Worte verwandeln sich in seinen Ohren in eine Abfolge von Tönen, die ihm das Signal geben, zu Ihnen zu gehen und aufzupassen. Damit ist die Beziehung zwischen Ihnen aufgebaut, die für ihn schließlich durch Leckerchen und viel Lob noch an Wert gewinnt.

Die Grundkommandos

„Sitz!"

Nachdem Sie, wie beschrieben, die Aufmerksamkeit Ihres Hundes geweckt haben, nehmen Sie seine Leine in die linke und seine Belohnung in die rechte Hand. Halten Sie ihm das Leckerchen direkt vor die Nase und lassen Sie ihn daran lecken, aber geben Sie es ihm noch nicht. Befehlen Sie ihm „Sitz!" und führen Sie die rechte Hand (mit dem Futter) über

Wussten Sie schon?

Während Sie Ihren Hund trainieren, werden Sie im Gegenzug auch von ihm erzogen. Er „testet" verschiedene Verhaltensweisen und wiederholt, was letztendlich zum Erfolg geführt hat.

seinen Kopf, so dass er nach oben schauen muss, wenn er ihr mit den Augen folgen will. Sie werden feststellen: Um in dieser Situation sein Gleichgewicht nicht zu verlieren, muss er die Knie beugen und mit der Hinterhand heruntergehen – er nimmt also eine Sitzhaltung ein! Genau in diesem Moment müssen Sie ihm seine Belohnung geben und ihn überschwenglich loben: „Guter Hund! Schön Sitz!" (oder so ähnlich). Ihre Begeisterung muss wirklich offenkundig sein; sie ist ein Genuss für Ihren Hund und macht ihn stolz auf sich selbst, weil er eine gute Leistung vollbracht hat. Bei regelmäßiger Wiederholung dieser Übung werden Sie schon nach kurzer Zeit beide trainiert sein: Ihr Zwergschnauzer kann „Sitz!" und Sie selbst können sich weit zu ihm hinunterbeugen oder mühelos hinhocken wie in jungen Jahren (so verhilft Ihnen Ihr Zwergschnauzer zu mehr sportlichen Übungen als Sie vermutlich geahnt haben...).

Übung macht den Meister

- Trainieren Sie Ihren Hund drei- bis fünfmal täglich für einige Minuten.
- Vermeiden Sie lange Trainingszeiten, Ihr Welpe verliert schnell seine Konzentrationsfähigkeit.
- Trainieren Sie nicht, wenn Sie müde, krank, verärgert oder in einer negativen Stimmung sind. Diese negative Ausstrahlung überträgt sich auf den Hund und beeinflusst seine Leistung.

Training soll Spaß machen, kurz und vor allem ein positives Erlebnis sein. Beenden Sie jedes Training mit einer Übung, die der Hund gut kennt, und einem ausgiebigen Lob. So helfen Sie Ihrem Hund dabei, am Training genauso viel Freude zu haben wie Sie.

Wussten Sie schon?

Ihr Hund versteht keine Worte, er reagiert auf bestimmte Laute und auf Ihren Tonfall. Getreu dem Motto „Der Ton macht die Musik" hat ein sanftes, fröhliches „Nein!" für ihn eine völlig andere Bedeutung als ein wütend gebrülltes „Nein!". Benutzen Sie nie seinen Namen, wenn Sie mit ihm schimpfen, nur das kurze, klare „Nein!" Dass ein Hund den eigentlichen Sinn eines Wortes nicht versteht, machen sich einige Bühnenunterhalter zunutze: Sie bringen ihrem Hund bei, genau das Gegenteil dessen zu tun, was sie eigentlich von ihm fordern.

Wenn Ihr Hund ein neues Kommando sicher beherrscht, können Sie langsam die belohnenden Futtergaben reduzieren – schließlich können Sie nicht immer und überall entsprechende Vorräte in der Tasche haben. Ihre Stimme ist dagegen

immer bereit, und mit überschwänglichem Lob als schönster Belohnung dürfen Sie ohnehin sein ganzes Leben nicht sparsam sein.

„Platz!"

Dem Hund „Platz!" beizubringen ist einfach, wenn Sie sich klarmachen, wie der Hund seine „Platz"-Position erreicht; wissen Sie das nicht, ist es sehr schwer. Außerdem: Wenn Sie ihm das „Platz"-Machen auf die falsche Art beibringen, kann er eine solche Angst vor diesem Befehl entwickeln, dass er entweder Reißaus nimmt, wenn er ihn hört, oder denjenigen zu beißen versucht, der ihn mit Gewalt auf den Boden zwingen will.

Lassen Sie den Hund dicht neben Ihrem linken Bein sitzen, wobei er in dieselbe Richtung schaut wie Sie. Halten Sie seine Leine in der linken Hand und ein Leckerchen in der rechten. Legen Sie nun Ihre linke Hand genau auf den Widerrist Ihres Hundes (das ist die Stelle, an der sich die Spitzen der Schulterblätter an der Wirbelsäule treffen). Üben Sie keinerlei Druck dabei aus; lassen Sie Ihre Hand einfach liegen, nur damit Sie ihn dicht neben sich halten können, wenn er sich hinlegt.

Nun halten Sie Ihre „Futterhand" wieder vor seine Nase und sagen ganz leise „Platz" zu ihm, während sich Ihre Hand langsam bis zu seinen Vorderpfoten hinunterbewegt. Wenn Ihre Hand auf dem Boden angekommen ist, bewegen Sie sie langsam vom Hund weg. Sprechen Sie während des ganzen Vorgangs leise und sanft mit ihm, damit er ruhig bleibt, während er Ihrer Hand langsam mit der Nase folgt, um die Belohnung zu ergattern. Auf diese Weise geht er vorn immer

Trainings-Tipp

Beim Erteilen von Kommandos sollten Sie aufrecht stehen und dadurch Autorität ausstrahlen. Geben Sie keine Kommandos während Sie auf dem Boden oder der Couch liegen oder auf allen Vieren über den Boden kriechen. Ihr Hund wird das eher als Aufforderung zum Spielen ansehen, keinesfalls als ernst gemeinten Befehl.

weiter hinunter, und wenn schließlich seine Ellenbogen den Boden berühren, geben Sie ihm seinen Leckerbissen und loben ihn sanft. Versuchen Sie, ihn dazu zu bringen, diese Position mehrere Sekunden lang beizubehalten, bevor er sich wieder aufsetzt. Das Ziel dieser Übung ist, den Hund so weit zu beruhigen, dass er sich entspannt hinlegt, ohne sich in dieser Position bedroht zu fühlen.

„Bleib!"

Es ist recht leicht, dem Hund beizubringen, in der „Sitz"- oder „Platz"-Position zu verharren. Natürlich benutzen wir auch hier Futter und Lob, um ihm klar zu machen, was genau wir von ihm erwarten. Um ihm „Sitz und bleib!" beizubringen, lassen Sie ihn zunächst wieder an Ihrer linken Seite sitzen; die Leine befindet sich wieder in Ihrer linken Hand, die rechte hält das Futter – und zwar wie vorher dicht vor seiner Nase. Befehlen Sie ihm „Bleib!" und machen Sie lediglich einen Schritt vor ihn (Sie stehen jetzt Pfote an Pfote mit ihm), während er an seinem Leckerchen knabbert und leckt. Achten Sie darauf, dieses so hoch (oder besser: so tief) zu halten, dass er seine aufrechte Sitzhaltung beibehält. Zählen Sie bis fünf und bewegen sich unter denselben Bedingungen zu Ihrer Ausgangsposition zurück. Sobald dies geschehen ist, geben Sie Ihrem – nun wieder neben Ihnen sitzenden – Hund seine Belohnung und loben ihn in den höchsten Tönen.

„Platz und bleib!" lernt er auf ähnliche Weise: Lassen Sie ihn „Platz" machen, wie im vorigen Abschnitt erläutert. Sobald er sich hingelegt hat, befehlen Sie „Bleib!" und begeben sich wie bei „Sitz und bleib!"

Wussten Sie schon?

Ein instinktsicherer Hund legt sich in einer Gefahrensituation nie hin. Er bleibt wachsam auf seinen Zehenspitzen stehen, damit er zur Flucht oder Verteidigung bereit ist. Deswegen macht kein Hund in der Ausbildung „Platz", wenn er sich bedroht fühlt oder verängstigt ist. Bei dieser Übung ist eine entspannte Atmosphäre besonders wichtig.

mit einem Schritt vor ihn und – nachdem Sie bis fünf gezählt haben – wieder zurück in Ihre Ausgangsstellung (auch wenn's schwer fällt, da Sie sich ja fast bis zum Boden hinunterbeugen müssen!). Belohnen und loben Sie ihn ausgiebig!

Nach sieben bis zehn Tagen können Sie damit beginnen, sich nach und nach etwas von ihm zu entfernen, wenn er sitzen oder liegen bleibt. Zeigen Sie ihm dabei durch Ihre erhobene flache Hand, dass er „bleiben" soll. Natürlich befindet sich jetzt auch sein Leckerbissen nicht mehr direkt vor seiner Nase; er wird Ihre Hand aber aufmerksam beobachten und

Wussten Sie schon?

Der regelmäßige Kontakt zu Ihren Haustieren oder den Haustieren von Freunden prägt das Verhalten Ihres Hundes gegenüber fremden Tieren schon im Welpenalter entscheidend. Ihre Art, sich diesen Tieren zu nähern, wird auch sein Verhalten bestimmen – jetzt und vielleicht auch später.

recht schnell begreifen, dass er sein Futter bekommt, sobald Sie wieder an seine Seite zurückgekehrt sind. Wenn Sie schließlich eine halbe Minute lang ca. 1 m entfernt von Ihrem Hund stehen können, ohne dass er aufsteht, ist schon viel erreicht. Steigern Sie bei Ihren Übungen die Zeitspanne und die Distanz zu Ihrem Hund stetig, bis Sie letztendlich sicher sein können, dass Ihr Hund in der „Bleib"-Position ausharrt, bis Sie zu ihm zurückkehren oder ihn rufen. Dann ist natürlich ein besonders dickes Lob fällig!

„Komm!"

Wenn Sie es schaffen, dass Ihr Hund das „Komm"-Training als großen Spaß erfährt, werden Sie nie wieder das Problem haben, dass er auf Zuruf nicht kommt. Es muss auf ihn wirken, als brächten Sie ihm ein neues Spiel bei und nicht ein neues Kommando – darauf kommt es an. Sie kennen das: Gerade in den Situationen, in denen Ihr Hund umgehend und schnellstens zu Ihnen kommen soll – läuft er in die andere Richtung! Was ist der Grund? Nun, wenn Sie in solchen Momenten rufen, sind Sie vermutlich voller Sorge und Aufregung, und das beeinflusst Ihren Tonfall mit jedem vergeblichen „Komm!" stärker. Ihr Hund erkennt deutlich den Stress und die Verzweiflung in Ihrer Stimme, bekommt Angst vor dem, was ihn bei Ihnen erwarten könnte – und gehorcht nicht. Dies können Sie vermeiden, indem Sie ihm ein Spiel beibringen, das Sie einfach jedesmal mit ihm spielen, wenn er zu Ihnen kommen soll. So kann praktisch nichts mehr schief gehen!

Am besten ist es, dieses Spiel im Haus zu üben. Und Ihre ganze Familie macht mit! Jeder nimmt sich ein paar Leckerchen und verschwindet in einem anderen Raum

Komm... lieber nicht

Rufen Sie Ihren Hund niemals mit dem Kommando „Komm", wenn er etwas angestellt hat und Sie ihn bestrafen wollen. Das ist der sicherste Weg, aus dem „Komm"-Kommando ein „Lauf schnell weg" zu machen. Der Hund wird die Bestrafung mit dem Befehl „Komm" in Verbindung bringen und nicht mit seiner zuvor begangenen Missetat.

„Komm!"

Auch wenn Sie Ihren Hund rufen , verwenden Sie immer das gleiche Kommando. Solange sich Ihr Hund auf der Suche nach Ihnen befindet, können Sie im lockenden Ton mit ihm sprechen. Wiederholen Sie das Kommando, so dass sich der Hund an den Klang dieses Befehls gewöhnt und ihn auch in Zukunft befolgt. Kurze, ein- oder zweisilbige Kommandos lernt Ihr Hund schneller als lange.

lich haben Kinder besonders großen Spaß an diesem Spiel mit ihrem Hund, und das sollten Sie fördern. Kinder können sich in viel kleinere, raffiniertere Verstecke zwängen als Sie, und das macht die Angelegenheit für den Hund natürlich noch interessanter. Um so mehr freut er sich, wenn er seinen kleinen Freund gefunden hat und diesen Erfolg durch eine Belohnung und vielleicht eine fröhliche Rangelei mit ihm feiern kann!

(natürlich bleiben alle Türen offen). Einer nach dem anderen ruft nun den Hund, und wenn dieser den Rufenden dann gefunden hat, erhält er von ihm mit großem Hallo seine Belohnung und jede Menge Lob. So geht es wie beim Versteckspiel reihum, und Ihr Hund lernt: Wenn Sie ihn rufen, muss er Sie finden und wird dafür noch reich belohnt! Nach wenigen Übungen wird er dieses Versteckspiel herrlich finden. Der simple Ruf „Wo bist Du?" oder „Komm her!" (oder was immer Sie beim Spiel mit ihm rufen) wird ihn schließlich dazu bringen, von weit her begeistert angerannt zu kommen – in der freudigen Erwartung, Sie zu „finden" und mit Leckerbissen und Lob dafür belohnt zu werden.

Anerkanntermaßen gehört der Befehl „Komm!" zu den wichtigsten Dingen, die ein Hund lernen muss. Interessanterweise gibt es Trainer, die ihren Schützlingen „Komm!" beibringen, ohne jemals wirklich dieses Kommando zu benutzen. Trotzdem werden auch diese Hunde gehorchen, wenn Sie gerufen werden – durch die einfache Frage „Wo bist Du?" Natür-

„Fuß!"

„Fuß" geht ein Hund, wenn er, ohne an seiner Leine zu ziehen, dicht neben seinem Führer herläuft. Es erfordert einige Zeit und viel Geduld vonseiten des Besitzers, bis der Hund gelernt hat, dass er (der Besitzer) keinen einzigen Schritt vorwärts machen wird, wenn er (der Hund) nicht gesittet neben ihm herläuft, und dass heftiges Vorwärtsziehen an der Leine absolut unakzeptabel ist (und dies gilt uneingeschränkt auch für Hunde von der Größe eines Zwergschnauzers!).

Es ist eine Freude, einen gut erzogenen Zwergschnauzer im Haus zu haben.

Nehmen Sie die Leine wieder in Ihre linke Hand, während der Hund die übliche Sitzposition an Ihrer linken Seite hat. Halten Sie die Schlaufe am Ende der Leine mit Ihrer rechten Hand fest, damit Sie ihn links an kurzer Leine neben sich halten können.

Befehlen Sie „Fuß!" und machen Sie mit dem linken Fuß einen Schritt nach vorn. Halten Sie den Hund dicht neben sich und machen Sie drei weitere Schritte. Bleiben Sie stehen und lassen Sie den Hund links dicht neben sich sitzen – die Sitzposition wird in diesem Fall auch „Fuß" genannt. Loben Sie ihn, ohne ihn jedoch dabei zu berühren. Warten Sie einen Moment und wiederholen Sie das Ganze; Kommando „Fuß!", drei Schritte und anhalten mit dem Befehl „Sitz!". Ziel dieser Übung ist, dass Ihr Hund diese drei Schritte neben Ihnen geht, ohne dabei auch nur einmal an der Leine zu ziehen. Wenn er das bei drei Schritten schafft, versuchen Sie es mit fünf. Wenn er auch diese fünf gesittet neben Ihnen herläuft, können Sie auf zehn erhöhen – und so weiter. Schließlich werden Sie mit viel Geduld erreichen, dass er „Fuß" geht, wann und wie lange Sie es auch immer wollen.

Übrigens sollten Sie ihm auch deutlich zeigen, wann die Übung beendet ist. Loben Sie ihn, streicheln Sie ihn, sagen Sie ihm, dass er ein „guter Hund!" ist. Wenn Sie auch hier stets das gleiche Wort verwenden, assoziiert er es sehr bald mit dem Ende der Übung. Nun kann er sich entspannen. Diese Spiel- und Entspannungszeiten sind sehr wichtig für Ihren Hund, denn zu lange Trainingseinheiten ermüden.

Wenn Sie einen Hund haben, der partout nicht aufhört, an seiner Leine zu zerren, steigen Sie einfach auf die Bremse – bei einem Zwergschnauzer sollte das kräftemäßig kein Problem sein. Rühren Sie sich nicht von der Stelle, bis Ihrem Kleinen die plötzliche Erleuchtung kommt, dass Sie keinen einzigen Schritt mit ihm gehen, bis er an Ihrer Seite ist und sich Ihrem Tempo anpasst. Es kann durchaus einige Zeit dauern, bis Sie ihm so zu Verstande gebracht haben, dass Sie der Boss sind und Richtung und Tempo Ihres Spaziergangs bestimmen. Haben Sie den längeren Atem!

Jedesmal, wenn Ihr Hund zu Ihnen aufschaut und vielleicht sogar seinen Schritt verlangsamt, damit die Leine zwischen Ihnen beiden nicht gespannt ist, loben Sie ihn in ruhigem Ton „Schön Fuß! Guter Hund!" Irgendwann fängt er an, darauf einzugehen, und nach einigen Tagen läuft er gesittet neben Ihnen her, ohne an der Leine zu ziehen. Halten Sie die Trainingseinheiten zu Beginn kurz und möglichst positiv; recht bald werden Sie die Strecken verlängern können. Vergessen Sie aber keinesfalls, dass Ihr Hund spielen und toben muss, wenn die „Fuß"-Übung beendet ist!

Trainings-Tipp

Wenn Sie das „Fuß"-Training mit langen Spaziergängen beginnen und Ihrem Hund erlauben, ständig an der Leine zu ziehen, wird er dies als normal ansehen. Wenn Sie ständig an der Leine ziehen, um ihn zu korrigieren, wird er das als Ansporn nehmen, um noch kräftiger dagegenzuhalten.

Trainings-Tipp

Wenn Sie mit Ihrem Hund an der Leine laufen und er plötzlich vor Ihnen stehen bleibt und Ihnen in die Augen sieht, reagieren Sie gar nicht darauf, sondern laufen Sie einfach weiter.

Training ohne Leckerbissen

Futter als Belohnung ist nicht zu ersetzen, wenn Sie Ihrem Hund ein bestimmtes Verhalten beibringen wollen. Hat er jedoch erst einmal verstanden, was Sie mit einem bestimmten Befehl von ihm verlangen, ist es an der Zeit, ihm die ständigen Leckerbissen abzugewöhnen. Zunächst belohnen Sie ihn natürlich, wie schon gesagt, nach jeder erfolgreichen Übung mit Futter. Irgendwann sollten Sie aber damit beginnen, ihm diese Belohnung nur nach jeder zweiten Übung zu geben. Überschwängliches Lob muss selbstverständlich jedesmal sein! Wechseln Sie mit der Zeit einfach wahllos die Art der Belohnung. Mal erhält er beides, mal nur ein dickes Lob. Wichtig ist, dass er vorher nie einschätzen kann, welche Belohnung ihn erwartet – Futter und Lob oder „nur" Lob. Dieses unberechenbare System erweist sich als höchst erfolgreich, da Ihr Hund ja immer die Hoffnung hat, einen Leckerbissen zu ergattern – er wird nicht aufgeben, bis er diese Belohnung irgendwann wieder erhält. Eine Regelmäßigkeit – beispielsweise die Futterbelohnung nach jeder zweiten Übung – würde Ihr intelligenter Zwergschnauzer bald durchschauen und entsprechend nur jedes zweite Kommando befolgen!

Trainings-Tipp

Bevor Sie das Kommando „Bei Fuß" oder einfach nur „Fuß" mit Ihrem Hund ohne Leine üben, seien Sie sich zuerst sicher, dass er es mit Leine perfekt befolgt. Die ersten Versuche ohne Leine sollten Sie auf jeden Fall in einem eingezäunten Gebiet machen, falls Ihr Hund doch weglaufen sollte.

Sicherheit zuerst

Auch wenn es manchmal so scheint, als hätte Ihr Hund nichts Wichtigeres im Sinn als zu fressen, zu schlafen und Ihre Möbel zu zerknabbern, denkt er vor allem an seine Sicherheit. Unsere Begleiter sind die Nachkommen domestizierter Wölfe. Sie haben immer noch das gleiche Rudelverhalten wie ihre frei lebenden Ahnen vor tausenden von Jahren. Ihr Hund möchte sich sicher fühlen, indem er weiß, dass dem Rudel ein starker Rudelführer voransteht. Sie müssen Ihrem Welpen schon sehr früh beweisen, dass Sie dieser Rolle gewachsen sind. Wenn Sie das schaffen, wird Ihnen Ihr Hund auch vertrauen, Ihren Kommandos folgen, ohne sie in Frage zu stellen, und sich sicher sein, dass ihm in Ihrer Gegenwart kein Leid zugefügt wird.

Erziehungskurse

Wie schon an anderer Stelle gesagt – es ist sicher keine schlechte Idee, sich und den Hund zu einem Erziehungskurs unter professioneller Anleitung anzumelden, sofern ein solcher in erreichbarer Nähe angeboten wird. In manchen Ort werden von Hundevereinen Grunderziehungskurse angeboten, die auch als Vorbereitung für die Ausbildung in anderen Hundesportarten von Nutzen sind. Hier gibt es auch für kleine Hunde verschiedene Möglichkeiten, die aber letztlich alle auf den in den vorigen Kapiteln erläuterten Grundanforderungen beruhen. Bei uns ist die Begleithundprüfung („BH") das bekannteste und am meisten verbreitete Grundausbildungskennzeichen – fast alle Vereine bieten entsprechende Trainingsmöglichkeiten an – während die sogenannten „Obedience-Classes" (Gehorsams-Kurse), die in den USA überaus beliebt sind und fast überall angeboten werden – es finden sogar Obedience-Wettkämpfe in verschiedenen Schwierigkeitsgraden statt! – in Europa noch recht unbekannt sind.

Andere Aktivitäten

Ob Sie Ihren Zwergschnauzer nun in eine Hundeschule bringen und ihn dort unter fachkundiger Anleitung ausbilden oder dies allein zu Hause versuchen – wenn Sie beide die Grunderziehung erfolgreich gemeistert haben, gibt es viele Aktivitäten, in denen Sie das Erlernte – zu Ihrer beider Vergnügen – ausprobieren können.

Natürlich ist es schon allein recht befriedigend für alle Beteiligten, wenn Ihr Hund eine Funktion in Haus, Hof und Garten übernehmen kann. Vielleicht macht er Ihnen das Leben so etwas leichter, darüber hinaus wächst sein Wert als geschätztes Mitglied der Familie immer mehr. Auch

Erziehungskurse

Die Ausbildung in einem Grundkurs dauert gewöhnlich sechs bis acht Wochen. Hund und Halter nehmen einmal wöchentlich an einem einstündigen Unterricht teil. Die dort erlernten Lektionen werden mehrmals täglich für jeweils einige Minuten zu Hause wiederholt. Mit etwas Geduld und Einsatz führt dies zu einem wohlerzogenen Hund und einem stolzen Halter, der das Leben mit seinem Hund genießt.

für den Hund selbst ist eine solche sinnvolle Beschäftigung von unschätzbarem Wert: Seine geistigen Fähigkeiten werden ausgeschöpft, und er kann seine Energie zumindest ansatzweise ausleben. Vielleicht macht es Ihnen aber auch Spaß, sich selbst und ihm zusätzliches Freizeitvergnügen zu gönnen; da gibt es mehrere Möglichkeiten.

Sicher wird es Ihnen nicht schwer fallen, bei Ihren gemeinsamen Wanderungen neue Spiele zu erfinden. Lassen Sie Ihrer Phantasie freien Lauf! Auf Baumstämmen kann man zum Beispiel herrlich balancieren, einfach darauf herumklettern oder hinüberspringen. Erstens wird Ihre Beziehung zu Ihrem Hund durch solche gemeinsamen Aktivitäten immer enger, zweitens sind sie für beide Seiten gesund und unterhaltsam. Hierfür benötigen Sie natürlich keine professionelle Anleitung!

Zwergschnauzer eignen sich aber auch besonders für den immer beliebter werdenden „Agility"-Sport. Agility ist für Hund und Führer ein Riesenspaß, bei dem die Hunde einen Hindernisparcours überwinden müssen, indem sie verschiedenartige Sprünge absolvieren, durch Tunnel kriechen und etliche weitere spannende Übungen durchlaufen müssen, die hohe Ansprüche an ihre Koordinationsfähigkeit und ihre Schnelligkeit stellen. Die Hundeführer rennen meist mit ihren Hunden durch den Parcours und geben ihnen die jeweils nötigen Kommandos, um sie zu dirigieren. Es gibt Agility-Wettkämpfe für große und kleine Hunde und sogar schon nationale und internationale Meisterschaften. Natürlich ist das Agility-Training

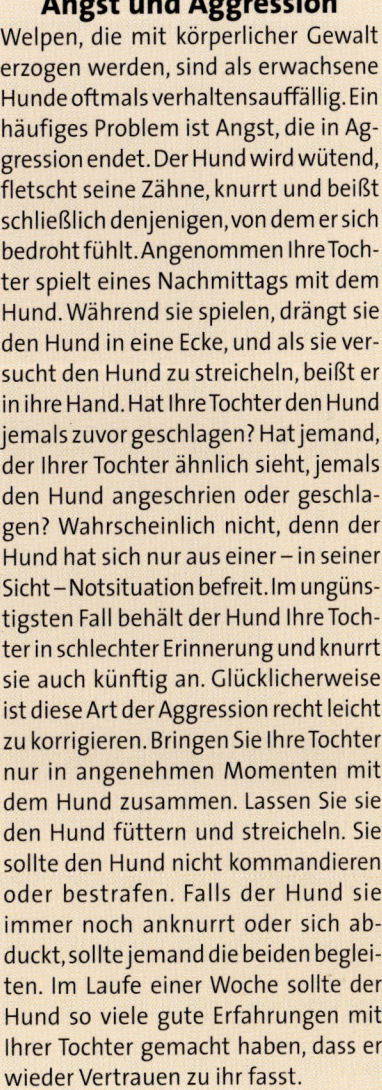

Angst und Aggression

Welpen, die mit körperlicher Gewalt erzogen werden, sind als erwachsene Hunde oftmals verhaltensauffällig. Ein häufiges Problem ist Angst, die in Aggression endet. Der Hund wird wütend, fletscht seine Zähne, knurrt und beißt schließlich denjenigen, von dem er sich bedroht fühlt. Angenommen Ihre Tochter spielt eines Nachmittags mit dem Hund. Während sie spielen, drängt sie den Hund in eine Ecke, und als sie versucht den Hund zu streicheln, beißt er in ihre Hand. Hat Ihre Tochter den Hund jemals zuvor geschlagen? Hat jemand, der Ihrer Tochter ähnlich sieht, jemals den Hund angeschrien oder geschlagen? Wahrscheinlich nicht, denn der Hund hat sich nur aus einer – in seiner Sicht – Notsituation befreit. Im ungünstigsten Fall behält der Hund Ihre Tochter in schlechter Erinnerung und knurrt sie auch künftig an. Glücklicherweise ist diese Art der Aggression recht leicht zu korrigieren. Bringen Sie Ihre Tochter nur in angenehmen Momenten mit dem Hund zusammen. Lassen Sie sie den Hund füttern und streicheln. Sie sollte den Hund nicht kommandieren oder bestrafen. Falls der Hund sie immer noch anknurrt oder sich abduckt, sollte jemand die beiden begleiten. Im Laufe einer Woche sollte der Hund so viele gute Erfahrungen mit Ihrer Tochter gemacht haben, dass er wieder Vertrauen zu ihr fasst.

nicht ohne fachkundige Anleitung und vor allem ohne die entsprechenden Hilfsmittel und Geräte durchführbar.

Unterschenkel

Sprung-
gelenk

Hüfte

Rute

Kruppe

Knie

Pfote

Rücken

Oberschenkel

Widerrist

Flanke

Brustkorb

Hals

Ohr

Hinterhauptbein

Stop

Auge

Lefzen

Nase

Schulter

Vorderbrust

Vorderlauf

Vorderfußgelenk

Der Körperbau des Zwergschnauzers

Die Gesundheit Ihres Zwergschnauzers

Hunde gehören, ebenso wie wir Menschen, zu den Säugetieren und können viele der Krankheiten bekommen, die auch Menschen befallen, sogar psychische Erkrankungen. Da die meisten von uns mehr über Krankheiten des Menschen wissen als über die des Hundes, stammen einige der in diesem Kapitel gebrauchten Bezeichnungen eher aus der Humanmedizin als aus dem Sprachgebrauch der Tiermediziner – einfach um diesen Abschnitt allgemein verständlicher zu machen. Als Beispiel sei der Begriff „Symptom" genannt, der im engeren Sinne die Beschreibung der Empfindungen des Patienten mit Worten bedeutet. Bekanntermaßen können Hunde nicht sprechen; deshalb müssten wir streng genommen von „klinischen Anzeichen" sprechen. Trotzdem bleiben wir bei den „Symptomen", weil jeder weiß, was gemeint ist.

Im Allgemeinen sagt man: Medizin wird praktiziert. Dies ist unstrittig. Medizin ist eine Kunst, die ständigem Wandel unterworfen ist. Unser Wissen über die Genetik, über elektronische Hilfsmittel und auch über individuell unterschiedliche Behandlungsmethoden wächst unaufhörlich. Es gibt viele Erkrankungen, die nicht überall gleich behandelt werden, wie zum Beispiel die Hüftgelenksdysplasie, bei der einige Tierärzte viel häufiger operieren als andere.

Die Wahl des Tierarztes

Für Ihren Tierarzt sollten Sie sich nicht nur entscheiden, weil er ein sympathischer Mensch ist; wesentlich wichtiger sind seine Erreichbarkeit und sein Fachwissen. Rechnen Sie immer damit, dass ein Notfall eintritt oder dass Ihr Hund aufgrund einer längerwierigen Erkrankung dem Tierarzt häufiger vorgestellt werden muss. Auch sollten seine Sprechzeiten patientenfreundlich und Termine nach Absprache möglich sein. Es gibt kaum etwas Frustrierenderes, als einen

Ein qualifizierter Tierarzt kann Ihrem Zwergschnauzer genau die Gesundheitspflege angedeihen lassen, die er braucht, einschließlich Vorsorgeuntersuchungen und Behandlungsempfehlungen.

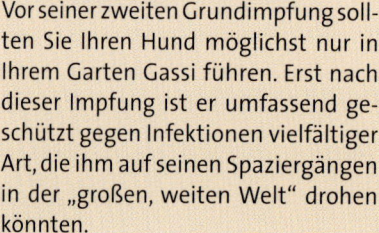

Wussten Sie schon?

Vor seiner zweiten Grundimpfung sollten Sie Ihren Hund möglichst nur in Ihrem Garten Gassi führen. Erst nach dieser Impfung ist er umfassend geschützt gegen Infektionen vielfältiger Art, die ihm auf seinen Spaziergängen in der „großen, weiten Welt" drohen könnten.

der Gelegenheit ja auch Unterschiede bei der Höhe des Tierarzthonorars fest. Die Leistungen eines Tierarztes, insbesondere wenn es um hoch spezialisierte Behandlungen geht, haben ihren Preis. Hier lohnt sich ein Vergleich. Haben Sie keine Hemmungen, die Kosten mit dem Tierarzt zu besprechen, obwohl natürlich die beste Behandlung Ihres Hundes grundsätzlich allerhöchste Priorität haben muss.

ganzen Tag lang auf einen Termin oder den Besuch des Tierarztes warten zu müssen, falls der Zustand des Hundes drängt.

Jeder niedergelassene Tierarzt hat sein Studium mit einem anerkannten Examen abgeschlossen und erfüllt die Voraussetzungen zum Führen einer eigenen Praxis. Viele von ihnen haben sich zudem durch Aufbaustudien oder Lehrgänge auf bestimmte Bereiche spezialisiert; so gibt es auch unter den Veterinären Fachärzte für Herzerkrankungen (vet. Kardiologen), Hauterkrankungen (vet. Dermatologen), Zahn- und Kiefererkrankungen (vet. Dentisten), Augenerkrankungen (vet. Ophthalmologen), Röntgendiagnose (vet. Radiologen) und solche, die sich besonders mit Knochen-, Muskel- oder Organkrankheiten befassen. Alle Tierärzte sollten die häufig erforderlichen Routinebehandlungen wie zum Beispiel Kastrationen, Versorgung von Wunden und selbstverständlich Impfungen durchführen; wenn Ihr Hund jedoch ernsthaft erkrankt, ist es Ihr gutes Recht, zusätzlich einen Spezialisten zu Rate zu ziehen. Vielleicht stellen Sie bei

Vorbeugen ist besser als heilen

Dies gilt uneingeschränkt auch für Hunde. Es ist in jedem Fall viel einfacher, billiger und auch effektiver, Krankheiten vorzubeugen, als sie zu bekämpfen, wenn sie erst ausgebrochen sind. Und ein nicht unbeträchtlicher Teil dieser Vorbeugungsmaßnahmen findet bereits beim (verantwortungsvollen) Züchter statt. Sorgfältig gezüchtete Welpen stammen von Elterntieren, die auch und vor allem aufgrund ihrer genetischen Veranlagung für die Zucht ausgewählt worden sind. Zudem müssen die Muttertiere einen vollen Impfschutz haben und frei von inneren und äußeren Parasiten sein; außerdem müssen sie sich natürlich in bestem Ernährungszustand befinden. Eine gesunde Mutterhündin

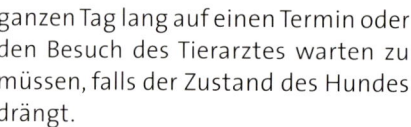

Kastration

In bestimmten Fällen ist eine Kastration ratsam. Bei Rüden beispielsweise dann, wenn eine Hypersexualität vorliegt. Hündinnen werden oft kastriert, wenn sie ausgeprägt scheinträchtig werden – oder auch, um dem Hund die Strapazen der Läufigkeit zu ersparen.

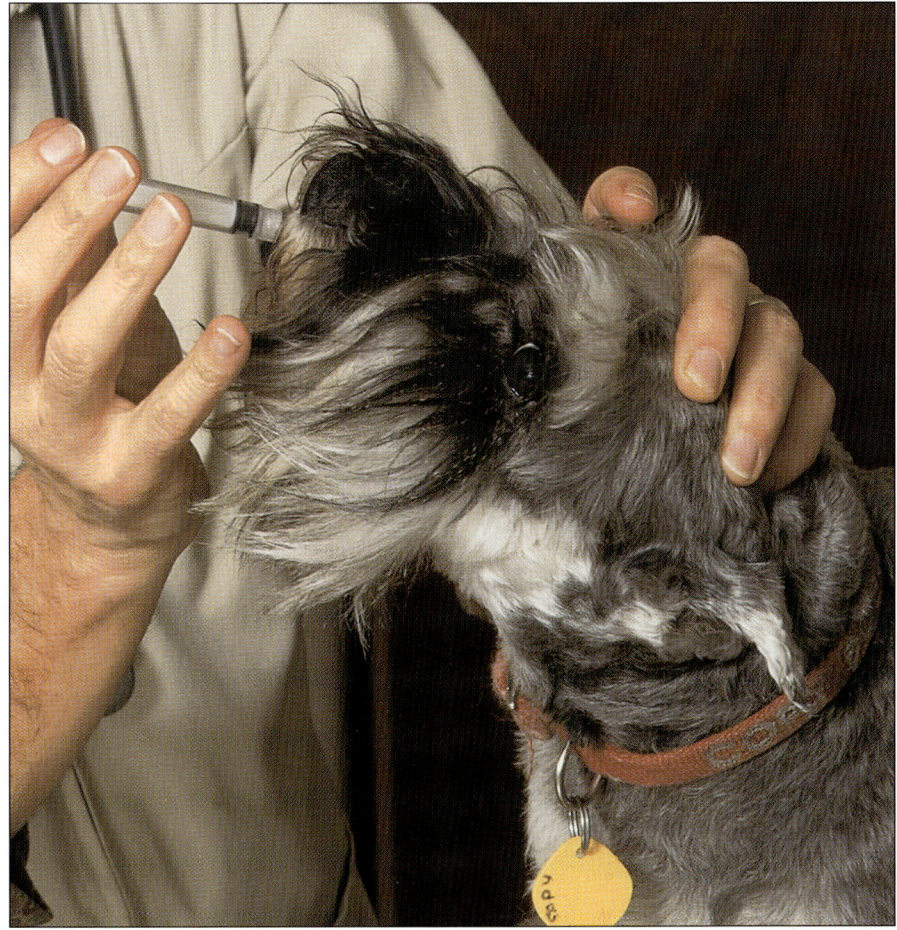

Vertrauen Sie Ihrem Tierarzt! Versuchen Sie nicht, Ihren Hund auf eigene Faust mit Mitteln zu behandeln, die Ihr Tierarzt nicht verschrieben hat!

in bester Kondition, die diese Anforderungen erfüllt, überträgt ihre eigene Abwehrkraft gegen Infektionen auf ihre Welpen, die dann acht bis zehn Wochen lang geschützt sind. Auch die Gefahr des Parasitenbefalls der Welpen ist denkbar gering. Solch ein Befall ist zwar meist nicht gefährlich, da der Züchter die Welpen regelmäßig entwurmt, aber er schwächt die Kleinen unnötig. Ein Tierarztbesuch innerhalb der ersten zwei Wochen, nachdem Sie die Welpen vom Züchter abgeholt haben, ist aber in jedem Fall ratsam.

Vielleicht haben Sie sogar die Möglichkeit, den Tierarzt Ihres Züchters zu konsultieren, der die Mutterhündin und die Welpen bisher betreut hat und deshalb schon jetzt viel über Ihren Welpen weiß. Auch jeder andere Tierarzt ist natürlich qualifiziert, den Gesundheitszustand Ihres Hundes zu beurteilen.

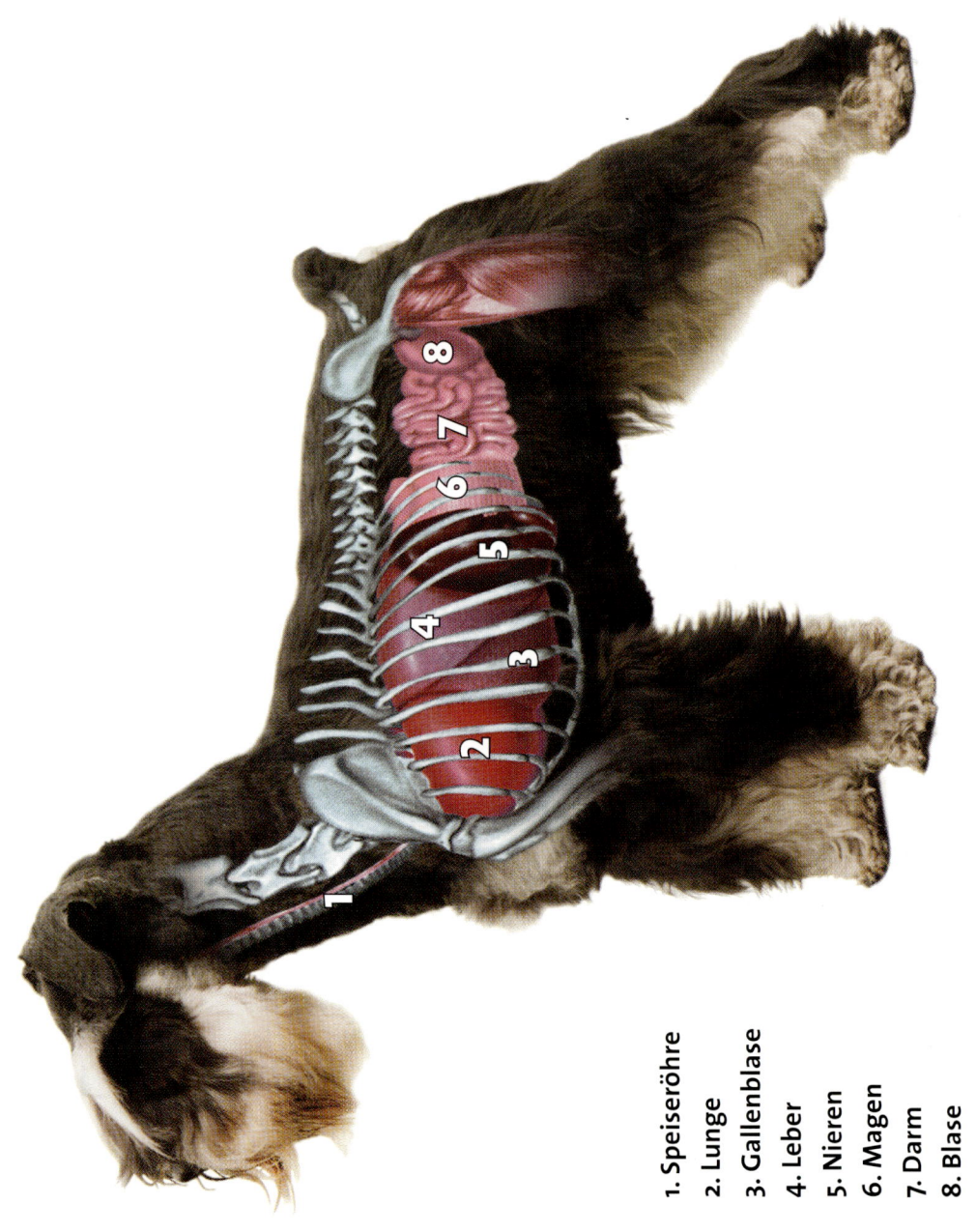

1. Speiseröhre
2. Lunge
3. Gallenblase
4. Leber
5. Nieren
6. Magen
7. Darm
8. Blase

Die inneren Organe des Zwergschnauzers

Impfplan

Die meisten Impfungen werden mittels einer Injektion verabreicht und dürfen nur durch die Hand eines Tierarztes gespritzt werden. Dieser bescheinigt die verabreichte Impfung unter Angabe des jeweiligen Impfstoffs und des Impfdatums im Impfpass. Die ersten Impfungen werden gewöhnlich in einem Alter von acht Wochen verabreicht und müssen, damit der Hund zuverlässig geschützt ist, mit zwölf bis vierzehn Wochen wiederholt werden. Sie sollten sich in dieser Hinsicht in jedem Fall auf die Empfehlungen Ihres Tierarztes verlassen, denn die Impfabstände können je nach Impfstoff unterschiedlich sein. Die meisten Impfstoffe bewirken eine Immunisierung Ihres Welpen gegen bestimmte Virusinfektionen.

Die üblicherweise verwendeten Impfstoffe sind Kombinationspräparate zum Schutz gegen Staupe, Hepatitis, Leptospirose, Parvovirose und Tollwut. Für gefährdete Welpen sind auch noch andere Impfstoffe verfügbar. Sie sollten sich stets auf den fachmännischen Rat

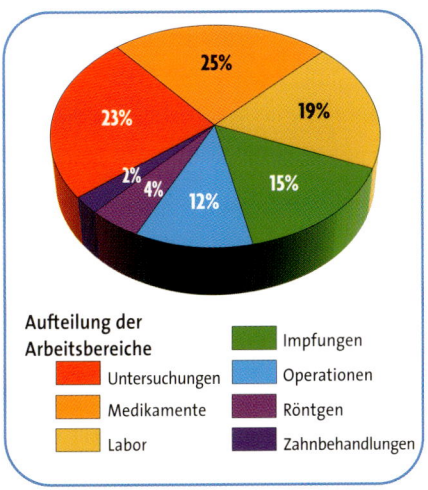

Aufteilung der Arbeitsbereiche
- Untersuchungen
- Medikamente
- Labor
- Impfungen
- Operationen
- Röntgen
- Zahnbehandlungen

25% 19% 23% 15% 12% 4% 2%

Das durchschnittliche Einkommen eines amerikanischen Tierarztes, aufgeschlüsselt nach den erbrachten Leistungen. Befragt wurden Praxen für Kleintiere.

Ihres Arzts verlassen, besonders wenn es um die Auffrischimpfungen geht. Die meisten Impfungen erfordern eine Nachimpfung oder Impfauffrischung, wenn der Welpe ein Jahr alt ist, und danach in jährlichen Abständen. In einigen Fällen können die Umstände kürzere Abstände zwischen den Impfungen erfordern. In großen Zwingern besteht gelegentlich die Gefahr des Zwingerhustens, gegen den die Welpen eines solchen Zwingers auch geimpft werden sollten. Besonders wichtig ist die Impfung gegen die gefürchtete, hochinfektiöse Parvovirose. Sprechen Sie mit Ihrem Tierarzt.

Von der Entwöhnung bis zu einem Alter von fünf Monaten

Welpen sollten im Alter von etwa zwei Monaten vollständig von der Mutter entwöhnt sein. Ein Welpe, der für mindestens acht Wochen mit seiner Mutter und seinen Geschwistern zusammenbleibt, zeigt in seinem späteren

Wussten Sie schon?

Hunde, die Zugang zu Rasenflächen haben, die mit Herbiziden behandelt wurden, erkranken dreimal häufiger an bösartigen Lymphomen. Stadthunde sind besonders gefährdet, denn die städtischen Grünflächen sind meist behandelt. Hunde nehmen Herbizide auch über ihre Pfotenballen auf, weshalb Sie darauf achten sollten, wo Ihr Hund herumläuft. Durch Chemikalien gelblich verfärbte Grasflächen sollten unbedingt gemieden werden.

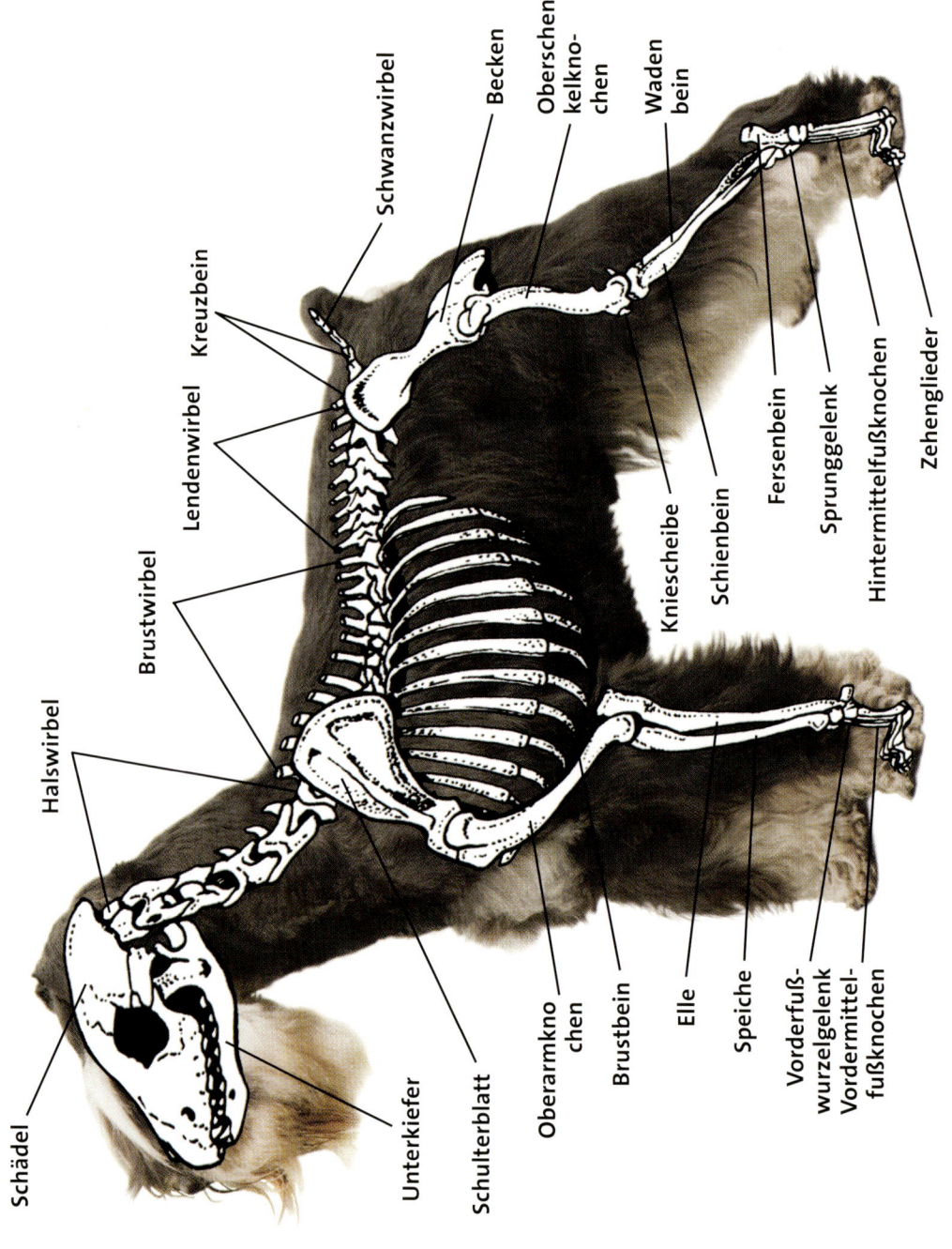

Schwanzwirbel

Becken

Oberschenkelknochen

Wadenbein

Kreuzbein

Lendenwirbel

Kniescheibe

Schienbein

Fersenbein

Sprunggelenk

Hintermittelfußknochen

Zehenglieder

Brustwirbel

Halswirbel

Schädel

Unterkiefer

Schulterblatt

Oberarmknochen

Brustbein

Elle

Speiche

Vorderfußwurzelgelenk

Vordermittelfußknochen

Das Skelett des Zwergschnauzers

Impfen allein genügt nicht

Impfungen schützen Ihren Hund vor vielen Infektionskrankheiten. Eine ausgewogene Ernährung und die tägliche Kontrolle auf Parasiten halten Ihren Hund gesund und machen ihn weniger empfänglich für die meisten gefährlichen Erkrankungen. Denken Sie daran, dass das Wohlbefinden Ihres Hundes allein in Ihren Händen liegt!

Leben gewöhnlich gegenüber anderen Hunden und Menschen eine bessere Anpassungsfähigkeit.

Es empfiehlt sich, den Welpen schon bald nach der Übernahme vom Züchter von einem Tierarzt untersuchen zu lassen und die bald fällig werdenden Impfungen abzusprechen.

Der Tierarzt wird die Zähne untersuchen, seinen Knochenbau überprüfen und ihn einer generellen Grunduntersuchung unterziehen. Welpen können Probleme mit der Kniescheibe, Katarakt oder andere Augenkrankheiten, abnormale Herzgeräusche und nicht korrekt abgestiegene Hoden haben. Vielleicht zeigt Ihr Welpe auch die eine oder andere Verhaltensauffälligkeit, die Sie mit Hilfe Ihres Tierarztes eher in den Griff bekommen.

Das Alter von fünf bis zwölf Monaten

In diesem Alter hat Ihr Welpe alle Grundimpfungen und die ersten Gesundheitstests hinter sich. Nun ist es an der Zeit, sich den Kleinen im Hinblick auf den Rassestandard anzusehen. Hat er kleine oder größere Mängel, die ihn

für die Zucht und Ausstellung ungeeignet machen, kann er damit sehr gut leben und bleibt für Sie sicher trotzdem liebenswert. Sie sollten sich nun ernsthaft überlegen, ob Sie ihn kastrieren lassen. In den USA wird dies routinemäßig schon ab dem Alter von sechs Monaten empfohlen, sachkundige europäische Tierärzte raten dazu, den Eingriff im zweiten Lebensjahr vorzunehmen. Dies hat für Ihren Hund auch gesundheitliche Vorteile: Unerwünschte Trächtigkeiten sind ausgeschlossen, die Gefahr von Gesäuge- und Gebärmutterkrebs bei Hündinnen und Prostatakrebs beim Rüden ist durch diesen Eingriff deutlich reduziert.

Das Alter von über einem Jahr

Sie sollten Ihren Hund mindestens einmal jährlich bei Ihrem Tierarzt vorstellen. Das Älterwerden ist zwar keine

Parvovirose

Der Parvovirus ist ein hoch ansteckender Krankheitserreger, der vor allem Welpen und ältere Hunde befällt. Der Virus verbreitet sich über die Fäkalien und verursacht blutigen Durchfall, Übelkeit, Herzschäden, Dehydration, Schock und schließlich den Tod. Um die Folgen der Infektion zu verhindern, wird Ihr Welpe das erste Mal mit sechs oder acht Wochen geimpft, eine Auffrischung erfolgt nach vier Wochen und dann nur noch jährlich. Der Virus kann sich sehr schnell verbreiten, da die Hunde ihn an den Pfoten und im Fell tragen können. Auch über Ihre Schuhe und Kleidung wird der Virus verbreitet.

Die Haare eines Hundes bei 200-facher Vergrößerung. Die Kutikula (der äußere Mantel) sieht gesund und sauber aus. Im Gegensatz zu menschlichen Haaren, die nur von der Wurzel aus wachsen, wächst das Hundehaar auch an den Enden, wie das kleine Foto zeigt.

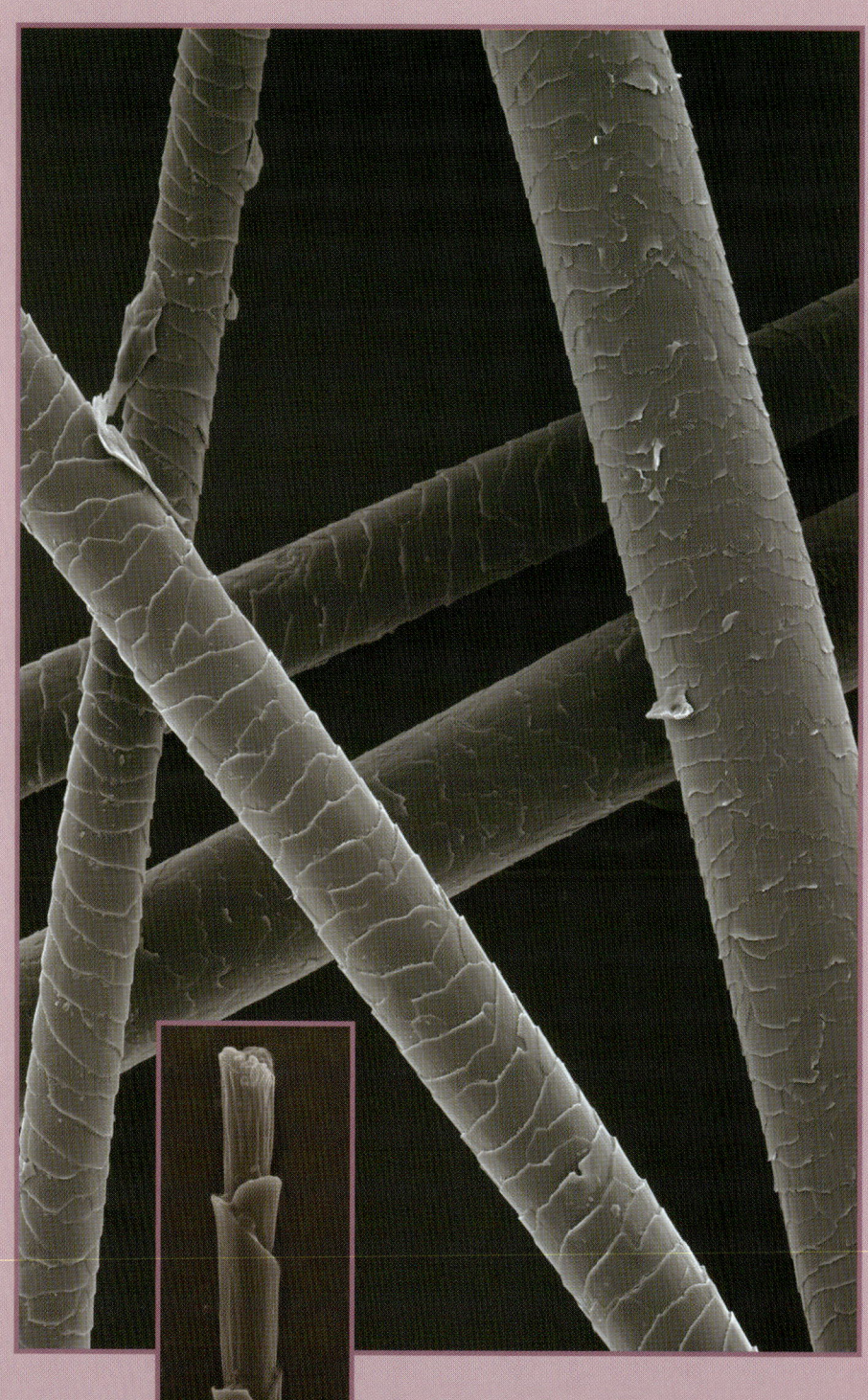

Krankheit, jedoch werden Augen und Ohren schlechter, und die Funktionsfähigkeit der Nieren, Leber und des Verdauungssystems nimmt ab. Um eine Schädigung innerer Organe oder Stoffwechselprobleme sicher diagnostizieren zu können, hat Ihr Tierarzt die Möglichkeit, Bluttests durchzuführen. Dies sollten Sie einmal jährlich bei der Grunduntersuchung machen lassen.

Eine sinnvolle Ernährungsumstellung in Absprache mit Ihrem Tierarzt kann nun das Leben Ihres Zwergschnauzers, und somit auch Ihres, erleichtern. Nicht zuletzt ist eine nicht altersgerechte Ernährung auch für viele Alterserkrankungen verantwortlich.

Hauterkrankungen

Tierärzte werden generell häufiger wegen Hautproblemen konsultiert als auf Grund jeder anderen Erkrankung oder jedes anderen Gesundheitsproblems. Die Haut von Hunden ist fast genauso empfindlich wie die Haut von uns Menschen, und beide leiden nahezu unter denselben Hautproblemen. Allerdings tritt zum Beispiel Akne bei Hunden viel seltener als bei Menschen auf. Aus diesem Grund ist die Veterinärdermatologie zu einem Spezialgebiet geworden, mit dem sich inzwischen viele Tierärzte befassen.

Da viele Hautprobleme mit sichtbaren Symptomen in Verbindung stehen, die

Gesundheits- und Impfplan

Alter in Wochen	3.	6.	8.	10.	12.	14.	16.	20-24.
Entwurmung	✔	✔	✔	✔	✔	✔	✔	✔
Parvovirose-Impfung			✔		✔			
Staupe-Impfung			✔		✔			
Hepatitis-Impfung			✔		✔			
Leptospirose-Impfung			✔		✔			
Parainfluenza			✔		✔			
Zahnkontrolle			✔					✔
Grunduntersuchung			✔					✔
Wesenstest			✔					
Zwingerhusten					✔			
Tollwut					✔			✔

Dieses Schema wird häufig angewandt, kann jedoch individuell je nach Bedarf abgeändert werden. Wichtig: Impfungen sind nicht sofort wirksam! Das Immunsystem des Hundes benötigt etwa drei Wochen, um genügend Antikörper zu bilden. Die meisten Impfungen müssen jährlich aufgefrischt werden; bitte fragen Sie Ihren Tierarzt.

sich generell ähnlich sind, erfordert die Erkennung und Heilung vieler ernsthafter Hautprobleme das Wissen eines erfahrenen Veterinärdermatologen. In Zoofachgeschäften sind eine Reihe von Produkten zur Behandlung von Hautproblemen erhältlich, jedoch beschränkt sich deren Wirkung meist nur auf die Behandlung der Symptome, nicht jedoch auf den oder die unterschwelligen Auslöser des Problems. Wenn Ihr Hund unter einer Form von Hautkrankheit leidet, suchen Sie so schnell wie möglich die Hilfe eines Spezialisten. Je früher ein Problem erkannt und behandelt wird,

desto besser sind die Chancen für eine erfolgreiche Heilung.

Erbliche Hautprobleme

Viele Hautprobleme sind erblich bedingt, einige davon sind sogar tödlich. Die Akrodermatitis ist eine genetisch bedingte Erkrankung, die von beiden Elternteilen auf die Welpen übertragen werden kann. Die Eltern, die phänotypisch normal erscheinen, können Träger des für diese Erkrankung verantwortlichen rezessiven Gens sein. Dies stellt viele Züchter insoweit vor Probleme, als dass sie Träger eines rezessiven Gens

Häufige Infektionskrankheiten

	Dies ist eine...	Infektion durch...	Symptome
Leptospirose	ernste Erkrankung, die die inneren Organe befällt und auf Menschen übertragbar ist	Bakterien, die häufig von Nagetieren übertragen werden, verbreiten sich durch die Schleimhäute schnell im Körper	in leichten Fällen Fieber, Erbrechen, Appetitlosigkeit, in schweren Schock, unheilbare Nierenschäden, kann schlimmstenfalls zum Tod führen
Tollwut	potentiell tödlich verlaufende Viruserkrankung, die warmblütige Säugetiere befällt	den Biss eines infizierten Tieres (vornehmlich Wildtiere)	1. Stadium – Verhaltensänderung, Angst 2. Stadium – zunehmende Aggressivität 3. Stadium – Koordinationslosigkeit, Schwierigkeiten mit den Körperfunktionen
Parvovirose	hochgradig ansteckende, oft tödlich verlaufende Viruserkrankung	die orale Aufnahme des Virus über den Kot infizierter Hunde	üblicherweise sehr heftige Durchfälle, Erbrechen, Mattigkeit und Appetitlosigkeit
Zwingerhusten	ansteckende Atemwegsinfektion	die Kombination von verschiedenen Bakterien- und Virentypen; meistverbreitet *Bordetella bronchiseptica bacteria* und das Parainfluenzavirus	chronischer Husten
Staupe	Erkrankung, die primär die Atemwege und das Nervensystem befällt	ein Virus, das mit dem menschlichen Masernvirus verwandt ist	leichte Symptome wie Fieber, Appetitlosigkeit und Schleimabsonderungen entwickeln sich zu offensichtlichen Hirnschäden, Hartballenkrankheit
Hepatitis	ein Virus, das hauptsächlich die Leber angreift	ein Adenovirus Typ 1 (CAV-1) des Hundes; wird durch Einatmen aufgenommen	schwächere Symptome: Apathie, Durchfall und Erbrechen, schwerere Symptome sind beispielsweise Virusansammlungen in den Augen („blaue Augen")
Coronavirus	Verdauungsstörungen bewirkende Viruserkrankung	den Kot infizierter Hunde	Magenbeschwerden mit Appetitlosigkeit, Erbrechen und Durchfall

nicht erkennen und somit von der weiteren Zucht ausschließen können. Die Folgeerkrankungen – dazu gehören vor allem Krebs und Atemwegsprobleme – sind meist schlimmer als die Hautkrankheit an sich. Die Akrodermatitis ist ein Beispiel dafür, wie schwierig viele Hundekrankheiten korrekt zu diagnostizieren sind. Um mit Sicherheit entscheiden zu können, ob zwei Hunde miteinander verpaart werden sollten oder nicht, fallen sehr hohe Untersuchungskosten an. Welpen, die an Akrodermatitis erkranken, erreichen nur selten ein Alter von zwei Jahren.

Andere genetisch bedingte Hautkrankheiten sind meist nicht tödlich. Dennoch müssen alle Krankheiten durch einen Veterinärmediziner diagnostiziert und behandelt werden. Zurzeit führen viele Pharmahersteller intensive Versuchsreihen durch, um bei Hunden auftretende Hautprobleme behandeln zu können.

Parasitenbisse

Viele Menschen reagieren allergisch auf Insektenstiche. Der Stich juckt, schwillt an und entzündet sich häufig. Hunde zeigen auf Floh-, Zecken- und Milbenbisse nahezu dieselbe Reaktion. Wenn wir ein Insekt auf unserer Haut spüren, haben wir die Möglichkeit, es mit der Hand zu vertreiben. Wenn Ihr Hund jedoch von einem Floh, einer Zecke oder einer Milbe gebissen wird, kann er den Plagegeist nur wegkratzen oder abbeißen. Sobald Ihr Hund von einem Parasiten gebissen wurde, ist auch schon ein Teil des Schadens angerichtet. Der Parasit kann schon Eier im Fell abgelegt

Die Zahnpflege

Das Gebiss Ihres Hundes sollte während und nach dem Umzahnen – also im Alter von vier bis 12 Monaten – regelmäßig überprüft werden. Störungen im Wachstum der bleibenden Zähne können jetzt noch beeinflusst werden; außerdem gewöhnt sich der Welpe an die Prozedur der Zahnkontrolle. Dies erleichtert Ihnen wiederum seine Zahnpflege. Bürsten Sie regelmäßig sein Gebiss, und geben Sie ihm geeignetes Kauspielzeug – dies trägt entscheidend zur Gesunderhaltung der Zähne und zu einem angenehmen Atem bei. Das Kauen beugt auch der Bildung von Zahnstein vor, der die Hauptursache dafür ist, dass die große Mehrheit aller Hunde schon im Alter von drei bis vier Jahren unter Zahnfleischentzündungen leidet.

Wussten Sie schon?

Wenn Sie mit Ihrem Hund nicht züchten wollen und auch nicht mit dem Gedanken spielen, mit ihm Ausstellungen zu besuchen, sollten Sie mit Ihrem Tierarzt über eine Kastration sprechen. Viele Menschen denken, dass ein kastrierter Hund schnell an Übergewicht leiden wird, aber das können Sie durch die richtige Ernährung und genügend Bewegung verhindern. Einige der Vorteile einer Kastration sind:

• Die Erziehung ist einfacher, denn Ihr Hund schaut sich nicht nach etwaigen Partnern um!
• Bei Hündinnen wird das Risiko an Gebärmutter- oder Eierstockkrebs zu erkranken reduziert.
• Rüden bekommen keine Hodentumoren und das Risiko einer Prostataerkrankung ist reduziert.

Sprechen Sie mit Ihrem Tierarzt über den richtigen Zeitpunkt der Kastration und die damit verbundenen Risiken.

haben, die dann für weitere Probleme sorgen, oder er hat den Hund über den Biss bereits mit anderen Krankheitserregern infiziert. Verschluckt der Hund einen Floh, kann er sich mit Würmern infizieren. Der Juckreiz durch den Parasitenbiss ist auf den injizierten Speichel zurückzuführen.

Autoimmunerkrankungen der Haut
Autoimmunerkrankungen werden häufig als allergische Reaktion gegen körpereigene Substanzen bezeichnet, während Allergien entzündliche Reaktionen auf einen äußeren Reiz sind. Autoimmunerkrankungen verursachen im betroffenen Körperbereich schwere Gewebeschäden.

Die wohl bekannteste Autoimmunerkrankung ist Lupus – die Hauttuberkulose –, die sowohl Hunde als auch Menschen befällt. Die Symptome können sehr unterschiedlich sein, da die Krankheit sowohl die Nieren, als auch die Knochen, das Blut und die Haut betreffen kann.

Die Erkrankung kann bei Hunden und Menschen tödlich enden, sie gilt jedoch nicht als ansteckend. Die Hauttuberkulose lässt sich mit Kortikosteroiden behandeln, jedoch haben diese Medikamente, wenn sie auf Dauer eingenommen werden müssen, schädliche Nebenwirkungen.

Pollenallergie
Eine auch bei Hunden bedeutende Allergie ist die Pollenallergie. Menschen leiden unter Heuschnupfen und ähnlichen Erscheinungen, die während der Blütezeit verschiedener Pflanzen und Gräser auftreten können. Hunde können unter denselben Allergien leiden wie Menschen. Wenn die Pollenbelastung der Luft hoch ist, niest Ihr Hund allerdings nicht, und seine Nase läuft auch nicht wie bei uns Menschen. Hun-

Wussten Sie schon?
Sie und Ihr Hund können an den gleichen Allergien leiden. Der Unterschied besteht darin, dass Ihre Allergie einfacher zu erkennen und meist leicht zu behandeln ist, während Allergien bei Ihrem Hund oft verdeckt auftreten.

Erste Hilfe auf einen Blick

Verbrennungen
Halten Sie die verbrannte Stelle unter kaltes Wasser, bei kleinen Verbrennungen können Sie einen Eiswürfel benutzen.

Insektenstiche
Benutzen Sie Eis, um die Schwellung zu verringern. Bei Allergie muss Ihr Hund sofort zum Tierarzt.

Tierbisse
Säubern Sie den blutenden Bereich, legen Sie eventuell einen Druckverband an. Suchen Sie den Tierarzt auf.

Verschlucken von Fremdkörpern
Den Hund nicht erbrechen lassen. Sofort den Tierarzt konsultieren.

Vergiftung mit Frostschutzmittel
Bringen Sie den Hund sofort zum Erbrechen.

Angelhaken
Wird am besten vom Tierarzt entfernt, muss zum Entfernen zerschnitten werden.

Schlangenbisse
Für den seltenen Fall packen Sie Eis um den Biss, rufen den Tierarzt an und versuchen die Schlange zu identifizieren.

Autounfall
Ziehen Sie den Hund mit Hilfe einer Decke von der Straße, suchen Sie sofort einen Tierarzt auf.

Schock
Beruhigen Sie den Hund, halten Sie ihn warm, suchen Sie sofort einen Tierarzt auf.

Nasenbluten
Legen Sie eine kalte Kompresse auf die Nase, bei sichtbaren Verletzungen üben Sie einen leichten Druck aus.

Blutende Wunden
Legen Sie einen Druckverband an, bedecken Sie die Wunde mit einer Wattekompresse.

Hitzschlag
Kühlen Sie den Hund mit feuchten Tüchern, frischer Luft und kühlem Wasser. Suchen Sie einen Tierarzt auf.

Schürfwunden
Säubern Sie die Wunde mit viel Wasser und tragen Sie ein Antiseptikum auf.

Unterkühlung, Frostbeulen
Wärmen Sie den Hund mit einem warmen Bad auf, legen Sie ihn auf eine elektrische Heizdecke oder eine Wärmeflasche.

Bedenken Sie, dass ein verletzter Hund aus Angst oder in Panik beißen kann. Legen Sie ihm einen Maulkorb an, bevor Sie ihm helfen.

Wussten Sie schon?

Es ist wichtig, dass Sie Ihren Hund gesund ernähren. Eine falsche Ernährung wirkt sich auf die Gesundheit, das Verhalten und das Nervensystem aus.

de reagieren auf eine Pollenallergie in gleicher Weise wie auf Parasitenbisse, indem sie sich kratzen und beißen. Das macht eine Diagnose recht schwierig, denn der Zusammenhang zwischen den Beschwerden Ihres Hundes und der Ursache – dem Pollenflug – ist oftmals nicht eindeutig. Unerfahrene Hundebesitzer kommen nicht darauf, dass ihr Hund in dieser Weise reagieren könnte.

Hunde können auf vorhandene Allergien hin getestet werden. Lassen Sie sich von Ihrem Tierarzt beraten.

Überlegen Sie, wann Sie Ihren Hund impfen lassen!

Ein Tierarztbesuch kann teuer werden. Dennoch sollten Sie Ihren kranken oder schwangeren Hund nicht gleich aus Kostengründen impfen lassen, nur weil Sie gerade beim Tierarzt sind. Wenn Ihr Hund gerade Medikamente bekommt oder Anzeichen einer Erkrankung, und sei es nur ein Hautausschlag, zeigt, lassen Sie ihn nicht impfen! Ebenso darf kein gelähmter Hund, kein Hund, der vor kurzem operiert wurde und kein Hund, der immununterdrückende Medikamente nehmen muss, geimpft werden, bis er sich nicht vollständig erholt hat.

Probleme mit dem Futter

Futterallergien

Hunde können gegen viele Futterarten allergisch sein, selbst wenn dies Spitzenprodukten sind, die von Züchtern und Tierärzten empfohlen werden. Oftmals hilft auch ein Futterwechsel nicht, weil ausgerechnet der Bestandteil, auf den der Hund allergisch reagiert, auch in dem neuen Futter enthalten ist.

Das Erkennen einer Futterallergie bei Hunden ist schwierig. Wenn Menschen etwas essen, was sie nicht vertragen, bekommen sie Hautausschlag oder sie erbrechen. Hunde können zwar auch erbrechen, aber sie bekommen gewöhnlich keinen Ausschlag. Dafür verspüren sie einen unablässigen Juckreiz und kratzen und beißen sich unentwegt, wodurch die genaue Diagnose sehr erschwert wird. Während Pollenallergien und Parasitenbisse nur zu bestimmten Jahreszeiten auftreten, sind Futterallergien ein ganzjähriges Problem.

Futterunverträglichkeiten

Futterunverträglichkeiten bedeuten die Unfähigkeit eines Hundes, bestimmte Futterarten vollständig zu verdauen. Welpen, die keinerlei Probleme mit der Muttermilch hatten, können Unverträglichkeiten bei Kuhmilch zeigen. Die Ergebnisse einer solchen Futterunverträglichkeit können Durchfall, Blähungen und Magenschmerzen sein. Da dies die einzigen offensichtlichen Symptome für eine Futterunverträglichkeit sind, gestaltet sich die Diagnose meist recht schwierig.

Die Behandlung von Futterproblemen

Sie haben gute Chancen, mit den Futterallergien und -unverträglichkeiten Ihres Hundes selbst fertig zu werden. Stellen Sie die Ernährung Ihres Hundes auf Futtersorten um, die er vorher noch nie erhalten hat. Es ist recht unwahrscheinlich, dass er auf etwas, das er nie zuvor gefressen hat, mit einer Allergie oder Unverträglichkeit reagiert. Beginnen Sie die Diät mit einer einzelnen Zutat, die nicht in seinem bisherigen Futter enthalten war. Zutaten wie Rinderhack oder Fisch sind in vielen Futtersorten enthalten, also versuchen Sie etwas Ausgefalleneres wie Strauß, Kaninchen, Lamm oder auch einfach gekochtes Gemüse. Behalten Sie diese Diät ohne weitere Zusätze für einen Monat bei. Wenn die Symptome abklingen, haben Sie die Ursache wahrscheinlich ausgegrenzt.

Denken Sie jedoch nicht, dass Sie Ihren Hund nur mit dieser einen Zutat auf Dauer ernähren können, denn Sie müssen eine ausgewogene Ernährung zusammenstellen. Deshalb müssen Sie herausfinden, welche Zutaten in seinem alten Futter das Problem auslösten. Am einfachsten fügen Sie dem Futter nach und nach weitere Bestandteile zu. Nach jedem neu hinzugefügten Bestandteil behalten Sie die Diät für einen Monat bei, bevor Sie den nächsten hinzufügen. Mit der Zeit werden Sie herausfinden, was der Auslöser der Futterallergie oder -unverträglichkeit war. Das ist zwar etwas langwierig, aber ein sicherer Weg, die allergieauslösenden Bestandteile auszuschließen.

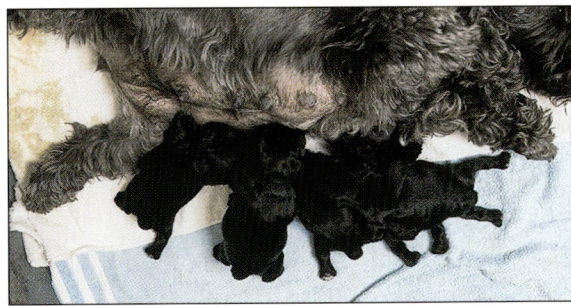

Alternativ können Sie die auf der Verpackung genannte Zusammensetzung des Futters, das Ihr Hund nicht vertragen hat, studieren. Kaufen Sie eine Sorte, die die Hauptzutaten der vorherigen nicht enthält. Geben Sie ihm nun für einen Monat das neue Futter und beobachten Sie, ob die Symptome abklingen.

Es gibt kein besseres Futter für einen Welpen als die Muttermilch. Mit etwa acht Wochen sollte der Welpe aber vollständig entwöhnt sein. Dies ist der Zeitpunkt, an dem Sie eine Futterallergie bemerken können.

Die Analbeutel

Haben Sie Ihren Hund einmal dabei beobachtet, wie er mit seinem Hintern auf dem Boden „Schlitten" gefahren ist? Wenn ja, sind wahrscheinlich seine Analbeutel entzündet. Die Analbeutel sind kleine Taschen an beiden Seiten des Anus – unter der Haut und den Muskeln. Sie haben etwa die Größe einer Traube und produzieren ein übel riechendes Sekret. Ihr Inhalt leert sich normalerweise mit den Darmbewegungen. Wenn sie sich aber nicht leeren, stoßen Sie aneinander, was Ihrem Hund große Schmerzen bereitet. Ihr Tierarzt kann die Beutel mit einem einfachen Handgriff leeren. Ihr Hund leert seine Analbeutel manchmal auch bei großer Angst.

Eine Aufnahme des Hundeflohs, *Ctenocephalides canis,* durch ein Raster-Elektronen-Mikroskop (REM).

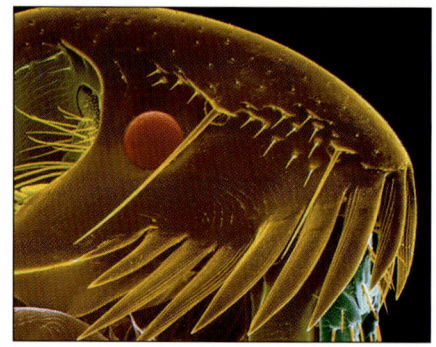

Eine Ausschnittsvergrößerung des Kopfs eines Hundeflohs, *Ctenocephalides canis.*

Ein männlicher Hundefloh der Art *Ctenocephalid es canis.*

Äußere Parasiten (Ektoparasiten)

Von allen Problemen, zu denen Hunde neigen, ist wohl keines besser bekannt und frustrierender als das Flohproblem. Ein Flohbefall ist zwar relativ einfach zu behandeln, dafür umso schwieriger zu verhindern. Parasiten, die im Inneren eines Hundes ihr Unwesen treiben, sind schwieriger zu behandeln, dafür ist aber ein Befall einfacher zu kontrollieren, da die Übertragungswege oftmals besser unterbunden werden können.

Flöhe

Es ist möglich, Flohbefälle zu kontrollieren, jedoch müssen Sie dazu den Lebenszyklus des Flohs verstehen. Gewöhnlich sind Flöhe ein im Sommer auftretendes Problem, aber da sich Flöhe in unseren zentralbeheizten Räu-

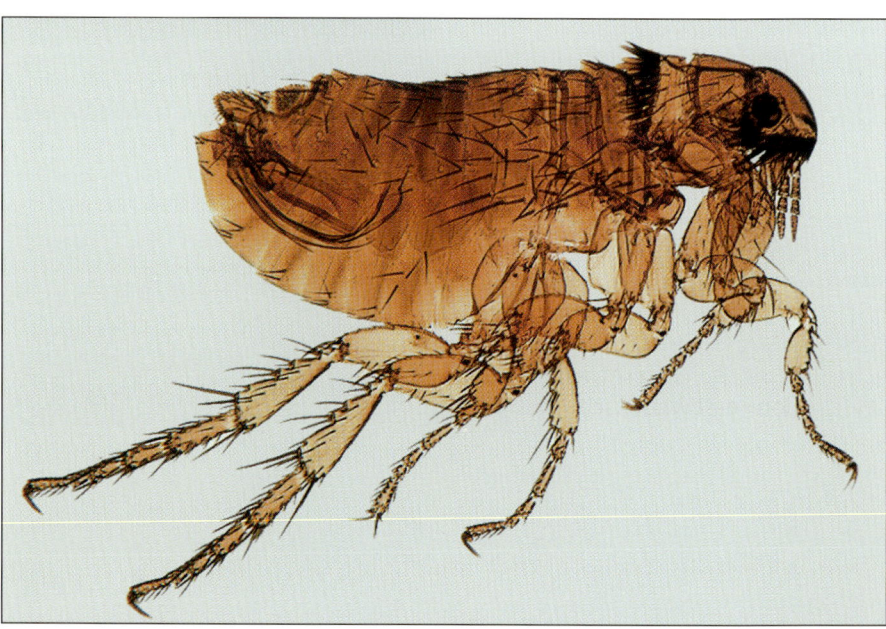

men inzwischen das ganze Jahr wohlfühlen, haben wir auch das ganze Jahr mit ihnen zu kämpfen. Eine effektive Beseitigung bezieht auch das Umfeld mit ein. Es gibt leider kein einziges Mittel gegen Flöhe, das stets und überall mit gleich gutem Erfolg eingesetzt werden kann. Für eine effektive Flohkontrolle muss die Behandlung gezielt jedes Stadium des Lebenszyklus des Flohs bekämpfen.

Entwicklungsstadien des Flohs

Während seines Lebens durchläuft der Floh vier Stadien: Ei, Larve, Puppe und adulter Floh. Um die Eier, Puppen oder Larven zu erkennen, brauchen Sie ein Mikroskop. Flöhe verbringen ihr ganzes Leben auf Ihrem Hund, wenn sie nicht gewaltsam durch Bürsten, Baden, Kratzen oder Beißen entfernt werden. Der Hundefloh heißt wissenschaftlich *Ctenocephalides canis*, der Katzenfloh heißt *Ctenocephalides felis*. Verschiedene Floharten können Hunde und Katzen gleichermaßen befallen. Flöhe legen ihre Eier auf dem Hund ab. Die Eier fallen ab, sobald sie getrocknet sind (bei der Ablage sind sie noch leicht feucht und haften so gut am Fell des Hundes). Sie sind der Grundstock für künftige Flohplagen. Wenn Ihr Hund einmal einige Flöhe herunterkratzt, warten sie auf ihr nächstes Opfer – einen Hund oder auch einen Menschen! Sie haben richtig gehört, Hundeflöhe befallen auch Menschen. Gerade deshalb ist es so wichtig, dass Sie einen Flohbefall ernst nehmen. Die Bekämpfung muss gleichzeitig die Flöhe treffen, die sich auf Ihrem Hund befinden, und die, die sich in der Wohnung und den Lieblingsplätzen Ihres Hundes befinden. Sie sind das Problem so lange nicht los, solange Sie nicht alle Flöhe, Eier, Larven und Puppen beseitigt haben!

Flöhe in Zahlen

Flöhe gibt es bereits seit Millionen von Jahren, und sie haben sich an immer neue Wirtstiere angepasst. Sie können einen kompletten Lebenszyklus in weniger als einem Monat durchlaufen  oder ihr Leben auch um fast zwei Jahre verlängern, indem sie für die Dauer dieser Zeit im Puppenstadium verbleiben, bis die Lebensumstände günstiger sind. Adulte Flöhe können mehrere Monate ohne jegliche Nahrung überleben. Es ist erwiesen, dass Flöhe das 300-fache ihrer eigenen Körperlänge überspringen können. Dies sind nur einige der Gründe, warum sie beim Befallen von Hunden so erfolgreich sind.

Entflohen Sie Ihr Zuhause

Sauberkeit ist der Schlüssel zum Erfolg. Wenn Sie eine Katze besitzen, ist die Bekämpfung noch schwieriger, da die meisten Hundeflöhe eigentlich Katzenflöhe sind und Katzen in Bereiche hochklettern, die der Hund nicht erreichen kann (beispielsweise Fensterbänke und Tische) und die Sie zusätzlich reinigen müssen. Wischen Sie Böden (Fliesen, Linoleum, Laminat, Dielen oder Parkett) regelmäßig auf, denn alle heruntergefallenen Essensreste sind Nahrung für die Flohlarven! Saugen Sie den Teppichboden und Ihre Polstermöbel mehrmals täglich. Vergessen Sie dabei nicht, auch die Kissen und unter den Möbeln zu saugen. Versuche haben gezeigt, dass normale Bodenstaubsauger nur etwa 20 Prozent der Larven und 50 Prozent der Eier wirklich aufsaugen. Die Staubsaugerbeutel sollten Sie nach dem Saugen in einem verschließbaren Plastikbeutel entsorgen und den Staubsauger gründlich reinigen. Behandeln Sie auch Ihren Garten gegebenenfalls mit einem Antiflohmittel.

Für Ihre Wohnung kann Ihnen Ihr Tierarzt sicher ein Spray empfehlen, das Sie aber sehr gewissenhaft nur nach Anleitung einsetzen dürfen.

Wussten Sie schon?

Vermischen Sie niemals verschiedene Flohmittel miteinander, ohne vorher Ihren Tierarzt dazu befragt zu haben. Einige dieser Mittel können in Verbindung mit anderen toxisch wirken und schwere bis tödliche Schäden bei Ihrem Hund verursachen.

Flöhe bekämpfen

Schützen Sie sich in folgender Weise vor Flöhen:

- Geben Sie dem Badewasser Ihres Hundes etwas Pennyroyal- oder Eukalyptusöl bei. Diese natürlichen Mittel verjagen Flöhe.

- Reichern Sie das Futter Ihres Hundes mit frischem Knoblauch und einer guten Portion Bierhefe an, denn beides hält Flöhe fern.

- Begrenzen Sie den Bewegungsfreiraum Ihres Hundes auf wenige Räume, um die Verbreitung der Flöhe einzudämmen.

- Saugen sie täglich, auch in Spalten und Ritzen. Tauschen Sie die Staubsaugertüten alle paar Tage aus, bis das Problem unter Kontrolle ist.

- Waschen Sie täglich die Decken Ihres Hundes. Decken Sie Kissen und Polstermöbel, auf denen Ihr Hund sich aufhalten darf, mit Handtüchern ab und waschen Sie diese so oft wie möglich.

Es gibt eine Vielzahl von Antiflohmitteln für den Hund selbst, die Sie nur nach Absprache mit Ihrem Tierarzt verwenden sollten.

Ivermectin wird häufig als Wundermittel bezeichnet. Es bekämpft viele Ekto- und Endoparasiten wirksam, darunter Herzwürmer, Spulwürmer, Bandwürmer, Hakenwürmer, Zecken and Milben, ist aber in Deutschland für die Anwendung am Hund noch nicht zugelassen. Tierärzte stehen dem Mittel

Gegenüberliegende Seite: Eine Elektronenmikroskopaufnahme eines Flohs, *Ctenocephalides*, in mehr als 100-facher Vergrößerung. Für einen besseren Kontrast wurde die Aufnahme eingefärbt.

Der Lebenszyklus eines Flohs

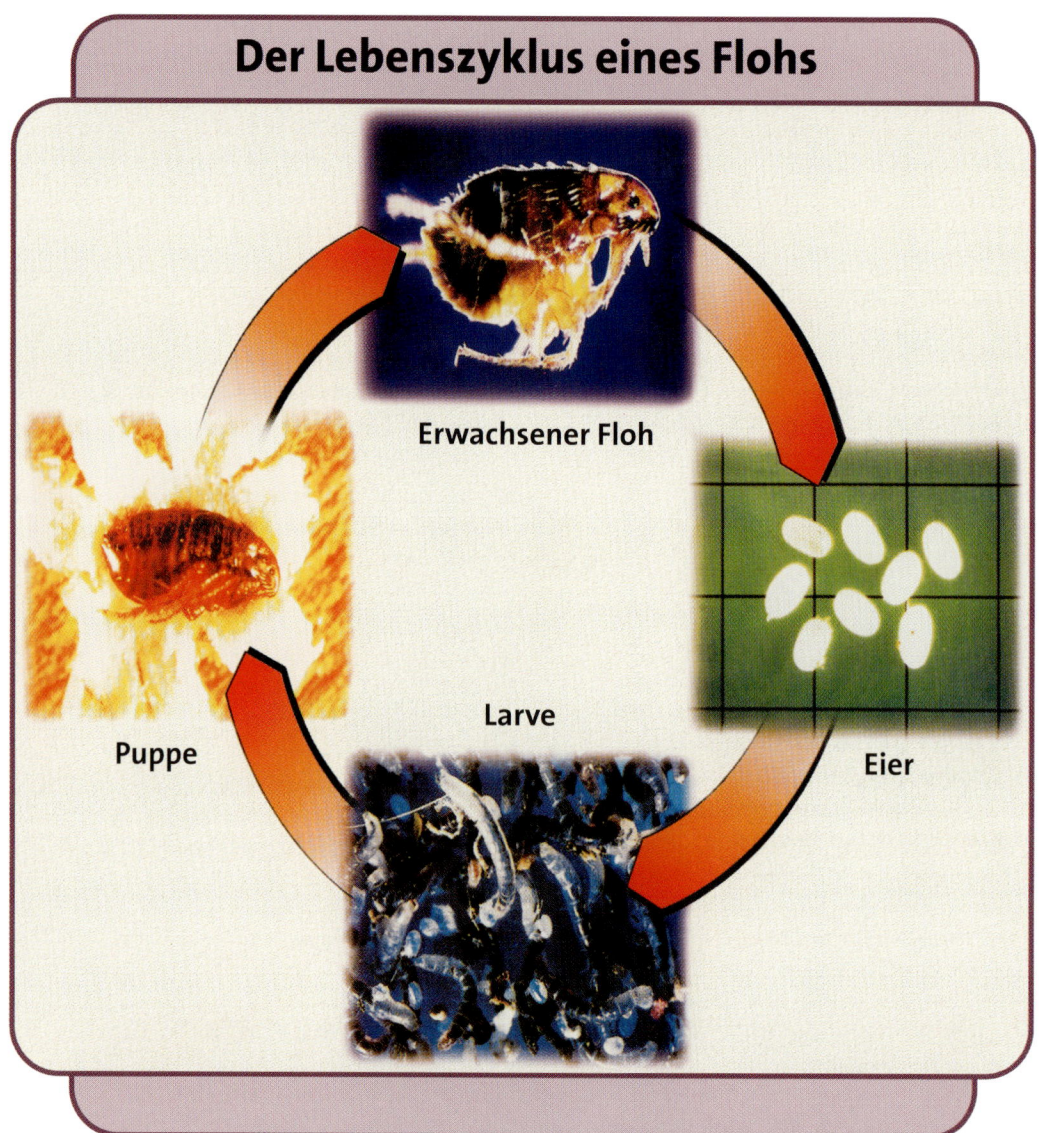

Erwachsener Floh

Eier

Larve

Puppe

teils sehr skeptisch gegenüber, da es zwar sehr zuverlässig, aber auch sehr stark wirkt und bei einigen Hunderassen zu Todesfällen geführt hat. Hierbei scheinen vor allem die englischen Hütehundrassen für eine schockartige Reaktion empfindlich zu sein.

Das Umfeld muss entfloht werden
Es genügt nicht, wenn Sie nur Ihre Wohnung mit dem Staubsauger, dem Mop und Anti-Floh-Mitteln reinigen, Sie müssen zumindest noch den Garten von den Flöhen befreien. Wenn Sie dabei Insektizide versprühen, achten

Diese Vergröße-
rung zeigt
einen springen-
den Floh.

teilweise sogar tödlich verlaufen können, beispielsweise das Zeckenfieber.
Ihr Lebensraum ist dem der Flöhe ähnlich, sie bevorzugen kleinste Risse und
Spalten in Wänden. Diese Parasiten
können Sie mit den gleichen Mitteln
wie Flöhe bekämpfen.
Die Hundezecke *Dermacentor variabilis* ist weltweit am häufigsten zu finden. Sie bevorzugt ein feuchtwarmes
Klima.

Sie darauf, dass diese möglichst spezi-
fisch Flöhe vernichten und Sie nicht
unnötig andere Insekten oder sogar
andere kleinere Tiere vergiften. Halten
Sie die Mittel fern von Ihrem Garten-
teich, in dem sich die Gifte anreichern
können. Wählen Sie auch für draußen
ein Mittel, das Ihrem Hund nicht gefährlich werden kann. Zur Sicherheit
lassen Sie Ihren Hund nach der Behandlung nicht sofort in den Garten.

Zecken und Milben
Obwohl nicht so häufig wie Flöhe, gibt
es Zecken und Milben überall auf der
Welt in den tropischen und gemäßig-
ten Klimazonen. Auch sie ernähren sich
vom Blut ihrer Opfer, beißen diese aber
nicht, sondern bohren sich mit ihren
scharfen Mundwerkzeugen in ihre
Haut. Sie ernähren sich ausschließlich
von Blut und injizieren ihren Speichel
in die Bisswunde, um das Blut am
Gerinnen zu hindern. Zecken und Milben sind Überträger einer Reihe von
sehr unangenehmen Erkrankungen, die

Wachstumshemmer
Zur Flohbehandlung sollten zwei Mit-
tel eingesetzt werden – eines zur Be-
handlung des Hundes und eines zur Be-
handlung des Lebensraums. Adulte
Flöhe stellen nur 1 % der Flohpopulation dar. Die präadulten Flöhe (Eier, Larven und Puppen) bilden die anderen
99 % der Flohpopulation und sind im
Lebensraum des Hundes zu finden. Im
Fall von präadulten Flöhen sollte ein
Mittel verwendet werden, das einen
Wachstumsregulator enthält.
Wachstumsregulatoren stellen eine
neue Klasse von Wirkstoffen dar, die die
Entwicklung von Parasiten verhindern.
Sie töten den Parasit nicht sofort, sondern benutzen stattdessen die Biolo-
gie der Parasiten, um diese gegen sie
einzusetzen und sie am Wachstum zu
hindern. Methopren enthaltende Produkte sind weltweit die führenden
Wachstumsregulatoren. Für die Kontrolle von Flöhen und anderen Parasiten eingesetzt, stoppt dieser
Wachstumsregulator die Weiter-
entwicklung der Flohlarve und
schützt Ihr Haus so bis zu sieben Monate vor einem Flohbefall.

123

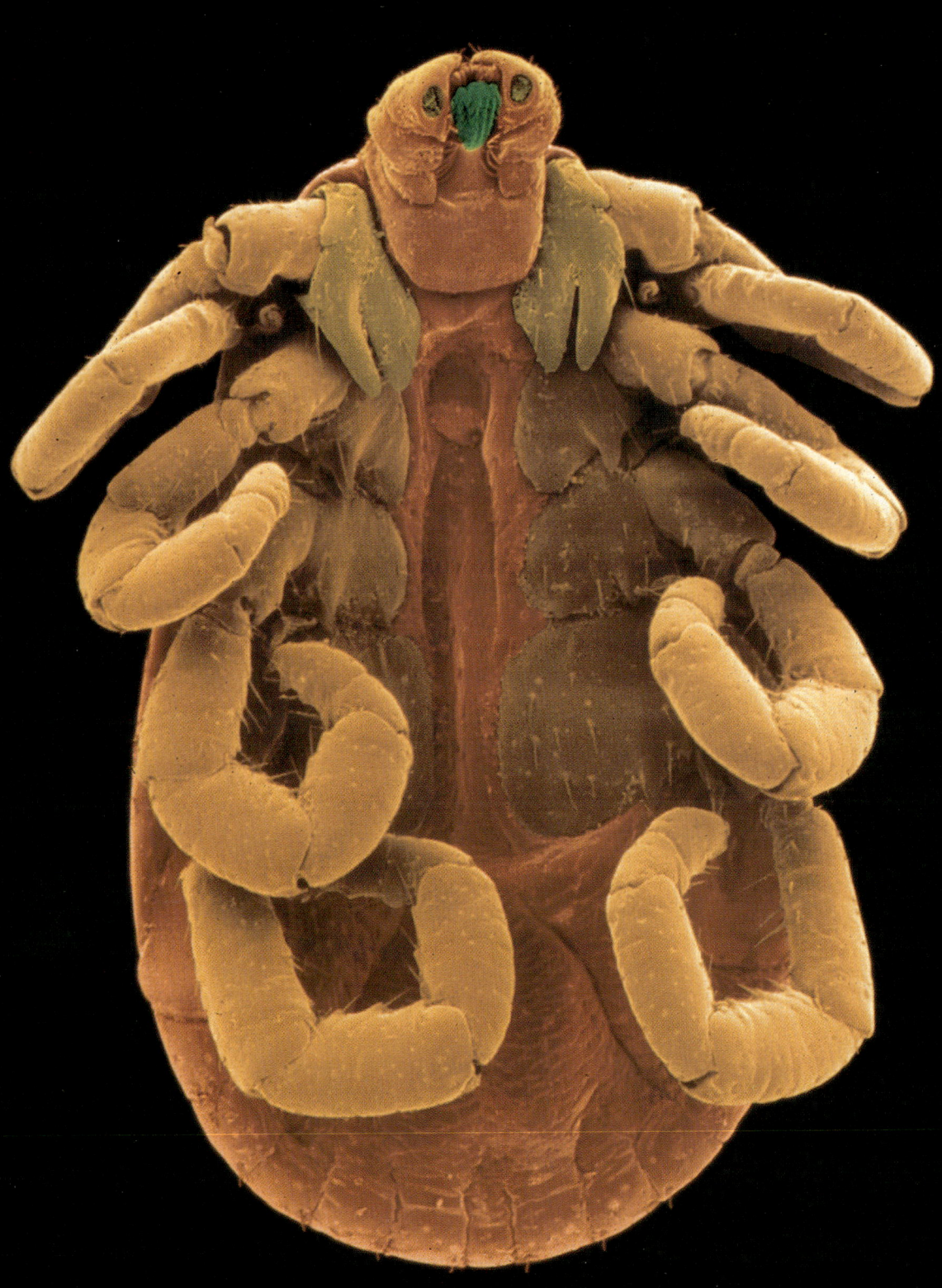

Die meisten Hundezecken haben eine Lebenserwartung zwischen einer Woche und sechs Monaten, was ganz von den herrschenden Klimabedingungen abhängt. Sie können weder springen noch fliegen, sondern krabbeln herum und können beim Angriff auf einen schlafenden und nichts Böses ahnenden Hund Strecken von bis zu fünf Metern zurücklegen.

Räude

Milben verursachen Hautreizungen, die sämtlich als Räude bezeichnet werden. Einige sind ansteckend, wie die Ohr-

Vorsicht Hundezecke!

Sich im Freien aufzuhalten ist für jeden Hund das Größte. Leider sind auf vielen Wiesen und in Wäldern auch gefährliche Zecken zu Hause. Zecken sind häufig Träger des Bakteriums *Borrelia burgdorferi*. Am häufigsten findet man sie im Frühling und Herbst. Wenn die Infektion früh erkannt wird, helfen die Antibiotika Penicillin und Tetracyclin. Unerkannt führt das Bakterium zu neurologischen, Herz- und Nierenschäden. Die Gelenke können sich entzünden und jede Bewegung schmerzt.

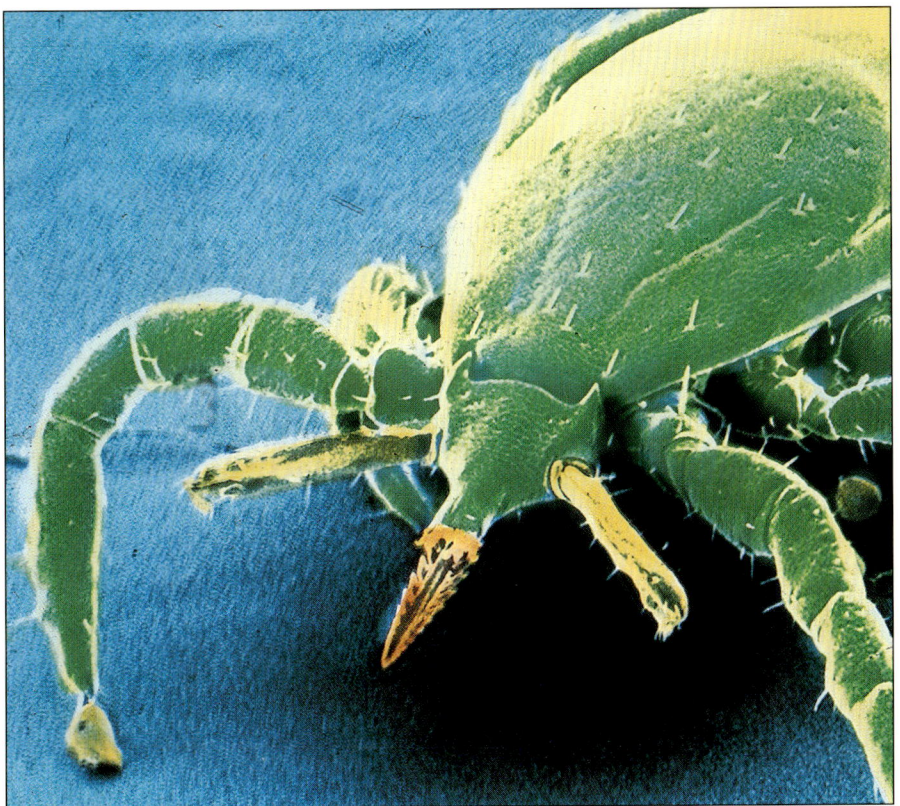

Ein Holzbock, Träger des Erregers der Lyme Borreliose. Die Aufnahme wurde eingefärbt.

Gegenüberliegende Seite: Die Hundezecke, *Dermacentor variabilis*, ist die am häufigsten auf Hunden zu findende. Beachten Sie die kraftvollen Kauwerkzeuge – kein Wunder, dass sie schwer zu entfernen ist.

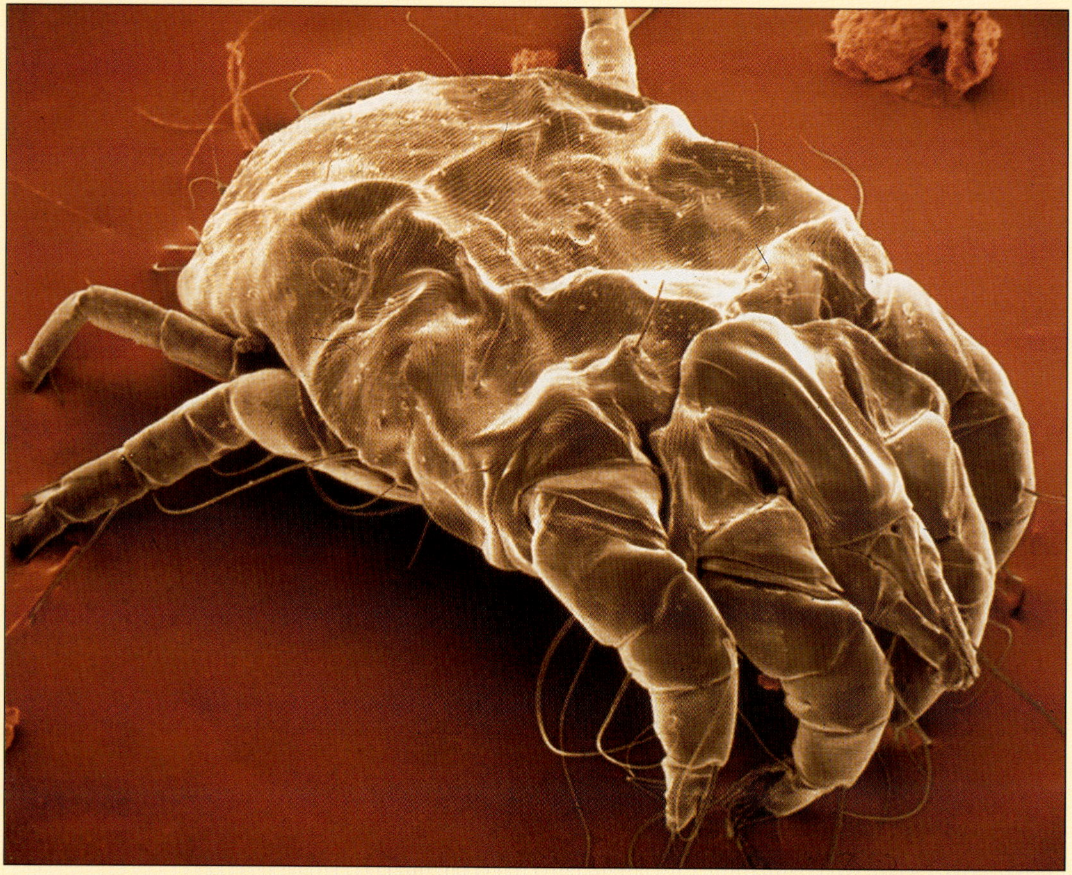

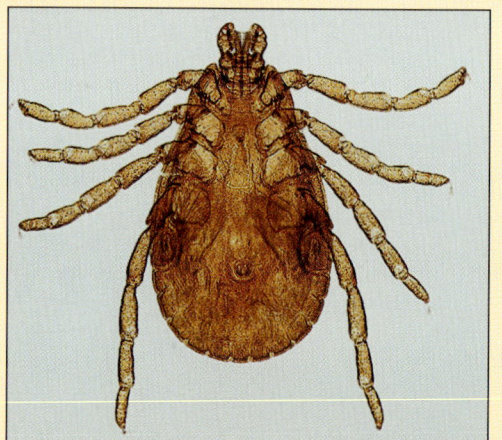

Oben:
Eine Aufnahme
der Räudemilbe,
Psoroptes bovis.

Die Braune Hundezecke, *Rhipicephalus sanguineus,* ist ein selten auf Hunden zu findender, aber unangenehmer Quälgeist.

Menschliche Kopfläuse sehen wie Hundeläuse aus und sind eng mit diesen verwandt.

milben, Sarkoptes-Milben oder Cheyletiella-Milben. Die demodikotische Räude geht mit einem Befall durch Demodex-Milben einher, sie gilt als nicht übertragbar.

Ohrmilben sind in der Regel gut mit Ivermectin zu kontrollieren. Da einige Arten von Räude auf den Menschen übertragen werden können, sollte in jedem Fall schnellstmöglich eine Behandlung erfolgen.

Innere Parasiten (Endoparasiten)

Die meisten Tiere – Fische, Vögel und alle Säugetiere, Hunde und Menschen eingeschlossen – beherbergen Würmer und andere Parasiten, die im Innern des Körpers – meist im Darm – leben. Nach Ansicht des Fischpathologen Dr. Herbert R. Axelrod gibt es zwei Arten von Parasiten – dumme und schlaue. Die schlauen Parasiten leben mit ihrem Wirt in friedlicher Eintracht (Symbiose), während die dummen ihren Wirt früher oder später umbringen.

Die meisten Wurminfektionen sind relativ einfach zu kontrollieren. Lässt man sie jedoch ungehindert ausufern, schwächen sie ihren Hundewirt letztendlich bis zu dem Punkt, an dem es zu anderen, oftmals lebensbedrohlichen Gesundheitsproblemen kommt.

Spulwürmer

Der häufigste Spulwurm bei Hunden ist unter dem wissenschaftlichen Namen *Toxocara canis* bekannt. Er lebt im Verdauungssystem des Hundes und scheidet kontinuierlich Eier aus. Man vermutet, dass ein durchschnittlich großer Hund täglich etwa 150 Gramm Kot pro-

duziert, von denen jedes Gramm durchschnittlich 10 000 bis 12 000 Spulwurmeier enthält. Es gibt keine Bereiche, in denen sich Hunde aufhalten, die nicht mit Spulwurmeiern verseucht sind. Die größte Gefahr von Spulwürmern ist, dass sie auch Menschen befallen. Aus diesem Grund ist es wichtig, Ihren Hund regelmäßig zu entwurmen, besonders, wenn Kinder im Haushalt leben. Auch Schweine leiden unter Spulwurmbefällen, die auf Mensch und Hund übertragbar sind. Dieser Spulwurm trägt den wissenschaftlichen Namen *Ascaris lumbricoides*.

Entwurmen

Das Entwurmen Ihres Welpen ist ausgesprochen wichtig, denn viele Würmer, wie Band-, Haken- und Spulwürmer, können vom Welpen auf den Menschen übertragen werden. Züchter entwurmen ihre Welpen das erste Mal bereits im Alter von etwa vier Wochen. Diese Prozedur wird gewöhnlich alle zwei bis drei Wochen wiederholt, bis die Welpen drei Monate alt sind. Der Züchter, bei dem Sie Ihren Welpen kaufen, sollte Ihnen einen Gesundheitspass aushändigen, in dem alle bereits verabreichten Impfungen und Entwurmungen im Detail vermerkt sind. Ihr Tierarzt wird Ihnen für Ihren Welpen ein Entwurmungsprogramm empfehlen und überwachen. Im Normalfall wird ein Welpe alle 15 bis 20 Tage behandelt, bis er frei von Würmern ist. Es ist nicht ratsam, Entwurmungsmittel zu verwenden, die nicht vom Tierarzt empfohlen wurden.

Hakenwürmer

Die Wurmart *Ancylostoma caninum* ist gewöhnlich als der Hundehakenwurm bekannt. Er ist auch für Katzen und Menschen gefährlich. Wie viele andere Würmer besitzt auch dieser Wurm Mundwerkzeuge, mit denen er sich in den Darmwänden seines Wirtes verankern kann. Da er seinen Standort allerdings etwa sechsmal täglich wechselt, kommt es an den beschädigten Darmwänden zu Blutungen, die zu einer Eisenmangelanämie führen können. Ein Hakenwurmbefall kann einfach mit einer Reihe von Medikamenten behandelt werden. Auch die meisten Wurmkuren wirken gleichzeitig gegen Hakenwürmer. Milbemyzin oxim kann auch bei einem Befall mit Hakenwürmern genommen werden.

In England taucht im offenen Grasland der Hakenwurm *Uncinaria stenoce-*

Spulwürmer

Durchschnittlich große Hunde können täglich 1 360 000 Spulwurmeier ausscheiden. Bei einem weltweiten Bestand von angenommen nur einer Million Hunden wird die Umwelt jeden Tag mit 1 300 Tonnen Hundekot belastet.

Diese Kotmenge enthält somit 15 000 000 000 Spulwurmeier. Sieben bis 31 Prozent aller Privatgärten und Buddelkästen in den USA sind mit Spulwurmeiern verseucht.

Den Kot Ihres Hundes in der Toilette hinunterzuspülen, ist auch kein sicherer Weg, denn die normalen Wasseraufbereitungsmaßnahmen im Klärwerk zerstören die Spulwurmeier nicht.

Infizierte Welpen beginnen im Alter von drei Wochen mit der Ausscheidung von Spulwurmeiern. Sie können bereits im Mutterleib infiziert sein.

Der Spulwurm *Rhabditis*. Er kann Hunde und Menschen befallen.

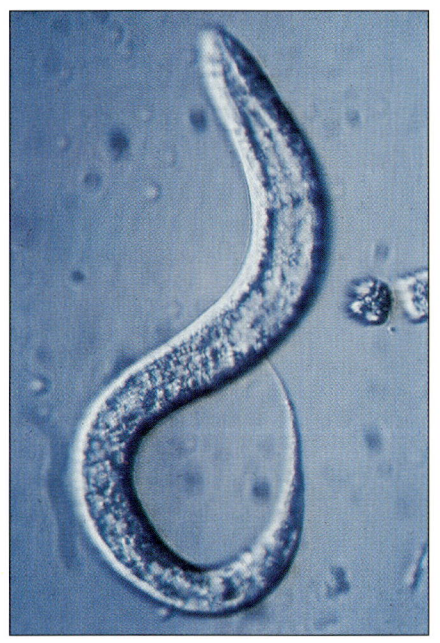

Links:
Das infektiöse Stadium der Hakenwurmlarve.

Rechts:
Männlicher und weiblicher Hakenwurm, *Ancylostoma caninum*. Sie sind nur selten bei Haus- oder Ausstellungshunden zu finden.

phala auf. Er befällt vor allem Hunde, die sich länger im Freien aufhalten, wie viele Jagdhunde, Laufhunde und alle anderen Hunde, die viel im Freien trainieren. Haushunde werden von diesem Parasiten seltener befallen.

Achten Sie drauf!

Erlauben Sie Ihrem Hund besser nicht, in verdreckten oder öffentlichen Gewässern unbekannter Wasserqualität zu schwimmen. Sogar glasklares Wasser kann Parasiten enthalten, die schwere oder gar tödliche Krankheiten bei Ihrem Hund auslösen können. Gewässer, die von Vögeln und Wildtieren besucht werden, sind besonders gefährlich.

Bandwürmer

Es gibt verschiedene Arten von Bandwürmern. Am häufigsten werden Bandwürmer von Flöhen auf Hunde übertragen, indem der Hund den infizierten Floh frisst. Damit kann der Lebenszyklus des Bandwurms im Wirtstier beginnen. Bandwürmer sind jedoch auch noch auf anderen Wegen und nicht nur auf Hunde, sondern auch auf Menschen übertragbar. Während eine Bandwurminfektion für Hunde keine lebensbedrohliche Angelegenheit ist, kann sie bei Menschen der Auslöser für eine sehr schwere Lebererkrankung sein. Etwa 50% aller Menschen, die sich mit dem Fuchsbandwurm *Echinococcus multilocularis* infizieren und hierdurch unter alveolärer Hydatidose leiden, sterben letztlich daran.

Rechts:
Der Kopf und
das Rostellum
(die runde
Erhebung am
Skolex) eines
Bandwurms,
der Hunde und
Menschen
befällt.

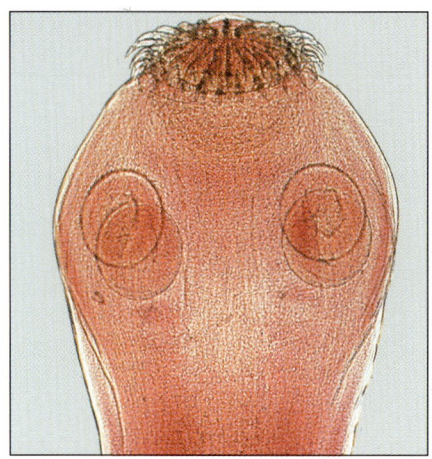

Herzwürmer

Herzwürmer sind dünne, bis zu dreißig Zentimeter lange Würmer, die in der Leber und den großen, das Herz umgebenden Blutgefäßen ihres Wirts leben. Hunde können bis zu 200 Würmer haben! Die Symptome sind Energieverlust, Appetitlosigkeit, Husten, Anämie und die Entwicklung eines aufgeblähten Abdomens.

Die Herzwurm-Parasitose ist in Deutschland nicht heimisch, denn der Überträger des Parasiten (*Dirofilaria immitis*) ist eine in Deutschland nicht vorkommende Mückenart. Dennoch kann sich Ihr Hund infizieren, wenn Sie ihn mit in ein gefährdetes Land nehmen, dazu gehören die USA, Afrika und der Mittelmeerraum. Der Erreger lebt im Herzgewebe sowie den angrenzenden Blutgefäßen der Lunge. Seine Larven, die Mikrofilarien, leben im Blut. Beim Blutsaugen nimmt die Mücke die Larven auf und gibt sie an andere Hunde weiter.

Bandwürmer

Menschen, Ratten, Mäuse, Eichhörnchen, Füchse, Wölfe und Hunde sind für Bandwurminfektionen anfällig. Nur für Menschen und Welpen können Bandwürmer ein lebensbedrohendes Problem darstellen. Haben sie erst einmal einen passenden Wirt gefunden, vermehren sich die Parasiten tausendfach. Bandwürmer sind zweigeschlechtlich. Jeder Bandwurm und jedes Bandwurmglied besitzt sowohl männliche als auch weibliche Geschlechtsorgane.

Wenn Hunde infizierte Ratten oder Mäuse fressen, infizieren sie sich mit dem Bandwurm. Einen Monat nachdem sich der Wurm im Darm seines Wirts festgesetzt hat, beginnt er mit der Ausscheidung von Eiern, die umgehend infiziös sind und mehrere Monate ohne Wirt überleben können.

Es handelt sich um eine lebensgefährliche Parasitose, deren Behandlung langwierig und teuer ist. Eine Infektion kann verhindert werden, indem Sie Ihren Hund vor dem Reiseantritt in gefährdete Länder beim Tierarzt impfen lassen. Sollten Sie einen Hund aus den gefährdeten Ländern mitbringen, lassen Sie ihn hier am besten gleich von Ihrem Tierarzt untersuchen.

Bluttests zum Nachweis sind nicht immer zuverlässig, achten Sie nach Reisen besser darauf, ob Ihr Hund die genannten Symptome zeigt.

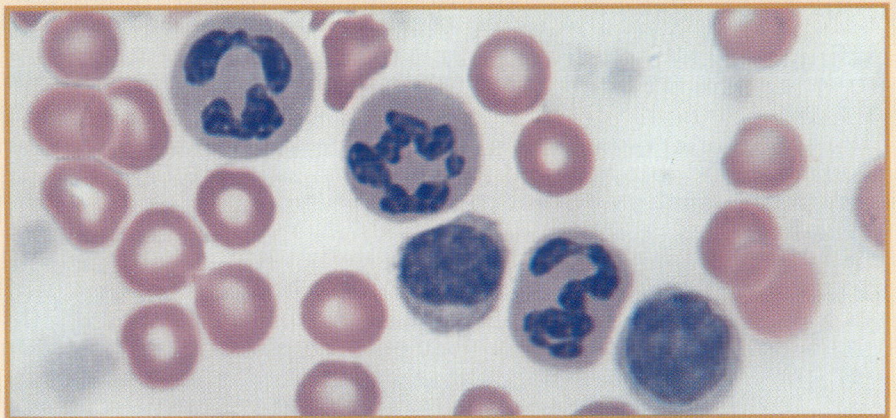

Vergrößerte Larven des Herzwurms, *Dirofilaria immitis*.

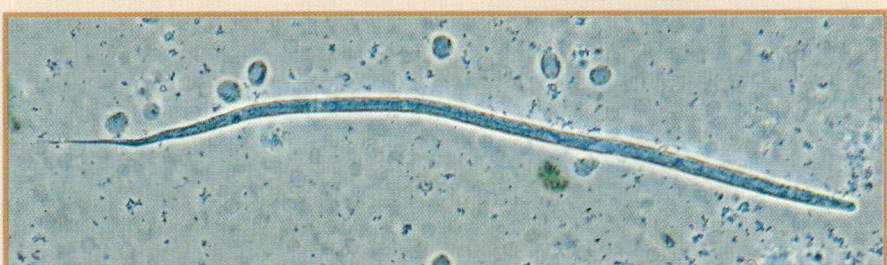

Der Herzwurm, *Dirofilaria immitis*.

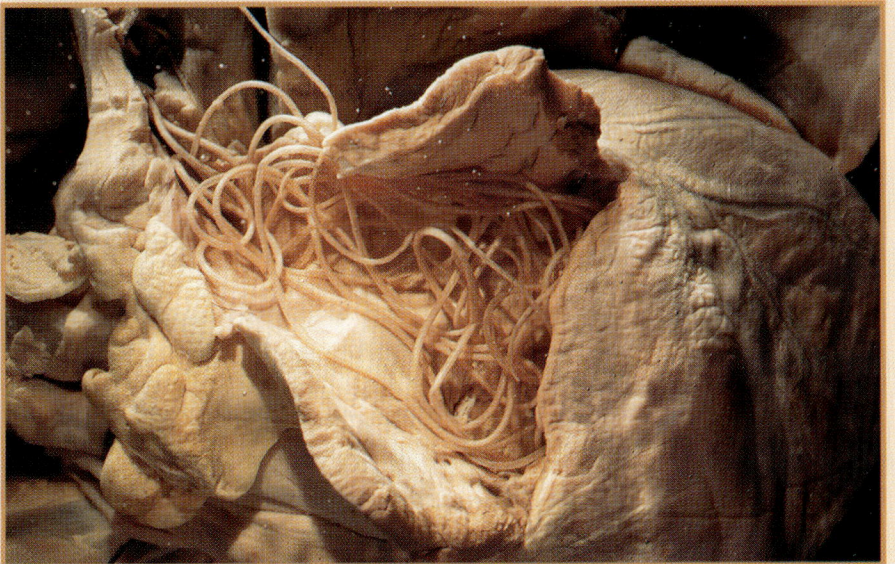

Das Herz eines von Herzwürmern *(Dirofilaria immitis)* befallenen Hundes.

Die Augen Ihres Zwergschnauzers sollten klar sein und keine Irritationen zeigen.

schungen. Infektiöse Erkrankungen durch Bakterien, Viren oder Pilze können auf das Auge begrenzt oder auch Teil oder Folge einer Allgemeininfektion sein. Viele der häufigen Augenprobleme wie Lidfehlstellungen, Katarakte, Glaukome und Netzhautablösungen haben eine genetische Disposition.

Sie sollten sich schon beim Kauf Ihres Welpen vergewissern, dass beide Elternhunde auf eventuell vorhandene Augenleiden untersucht wurden und frei von jeglichen genetischen Dispositionen sind. Das Attest muss von einem Fachmann ausgestellt sein. Da viele dieser genetischen Probleme schon in jungen Jahren diagnostiziert werden können, sollten Sie auch den Welpen von einem Tierarzt untersuchen lassen, der das eine oder andere Problem schon in diesem Alter erkennen kann.

Eine Übersicht der häufigsten Augenerkrankungen bei Hunden
Prof. Dr. Robert L. Peiffer

Nicht wenige Menschen behaupten, dass das Sehen die wichtigste Sinneswahrnehmung ist. Für eine hohe Lebensqualität sind gesunde Augen unabkömmlich. Genauso sehen es auch viele Hundebesitzer. Sie achten sehr genau auf die Sehleistung und die Augen ihrer Vierbeiner. Probleme früh zu erkennen heißt, optimale therapeutische Ergebnisse erzielen zu können. Das Auge ist ein sehr empfindliches Organ, das sich nur in sehr geringem Maß regenerieren kann. Bei bestimmten Erkrankungen wie dem Glaukom, der Uveitis oder der Netzhautablösung kann eine späte Diagnose die Erhaltung des Augenlichts ernsthaft gefährden. Die frühzeitige Diagnose hingegen kann die Sehfähigkeit zumindest eingeschränkt erhalten.

Ein Entropium des unteren Lids verursacht die Irritationen im Auge dieses jungen Hundes. Im oberen Lid sehen wir einige zusätzliche Wimpern.

Augenerkrankungen können viele Ursachen haben; es liegt in der Natur der Hunde, dass es häufig zu traumatischen Verletzungen des Auges kommt. Sehr häufig sind Verletzungen des Augapfels durch Stöckchen oder Steine, Wunden durch Katzenkrallen oder auch Quet-

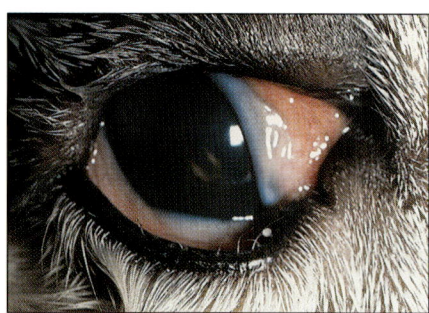

Lid-Fehlstellungen (Entropium und Ektropium)
Nach innen (Entropium) oder nach außen (Ektropium) gerollte Lider scheinen rassespezifische Probleme zu sein. Ein Entropium kann sowohl das obere als auch das untere Lid treffen. Erste Anzeichen sind zwischen dem dritten und zwölften Lebensmonat erkennbar.

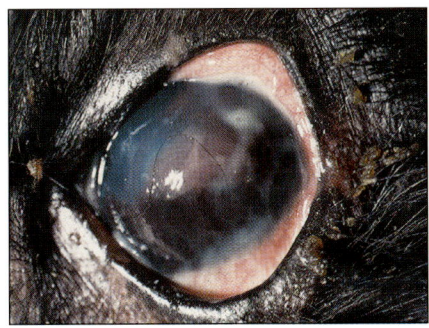

Die Irritation, die durch die Haare des Lides auf der Hornhaut verursacht werden, führen zu einem ständigen Blinzeln, Tränen und zur Beschädigung der Hornhaut. Das Ektropium ist auch rassespezifisch. Wir kennen es vor allem von den Hounds. Das Ektropium selbst führt nicht zu akuten Problemen, sondern zu chronischen Irritationen, da die Bindehaut ständig exponiert daliegt. In den meisten Fällen kann den Hunden durch tägliche Spülungen oder Medikamente geholfen werden. In schweren Fällen muss das Problem operativ behoben werden.

Wimpernfehlstellungen
Im Gegensatz zu Menschen haben Hunde nur am Oberlid Wimpern. Gelegentlich wachsen jedoch Wimpern direkt am Rand des Augenlids oder gar auf der Innenseite des Lids und führen zu störenden Irritationen.

Konjunktivitis (Bindehautentzündung)
Eine Entzündung der Bindehaut, die rosafarben die Innenseite der Lider bedeckt und sich bis hinter den Augapfel zieht, wird meist von Rötungen, Ausfluss und einem leichten Unwohlsein begleitet. Die meisten Fälle beruhen auf einer Bakterieninfektion oder sind Folge des Trockenen-Auge-Syndroms. Glücklicherweise kann das Problem mit Medikamenten gut geheilt oder zumindest kontrolliert werden.

Trockenes-Auge-Syndrom
Eine trockene Hornhaut (Keratokonjunktivitis sicca) ist häufig die Grundlage für weitere Augenerkrankungen. Der Ausfluss ist typischerweise zähflüssig und klebrig. Häufige Folge ist eine Hornhautentzündung. Die Ursache lässt sich nicht immer feststellen. Einige Fälle lassen auf eine immunvermittelte Ursache schließen, andere scheinen eine Reaktion auf bestimmte Medikamente zu sein.

Im Auge dieses mittelalten Hundes sehen wir eine Keratokonjunktivitis sicca, die den typischen schmierigen Ausfluss und Veränderungen der Hornhaut verursacht.

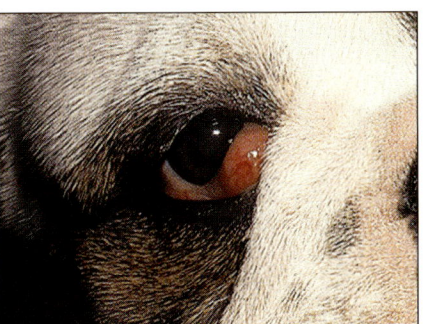

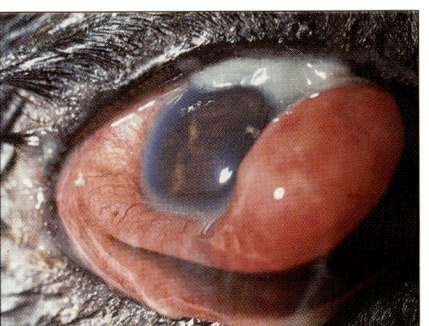

Links:
Vorfall der Nickhautdrüse im rechten Auge eines Welpen.
Rechts:
Hier sehen wir, wie sich die Nickhautdrüse zwischen der Nickhaut und der Hornhaut vorschiebt.

Viele tiefe Geschwüre auf der Hornhaut beeinträchtigen das Sehvermögen dieses mittelalten Hundes.

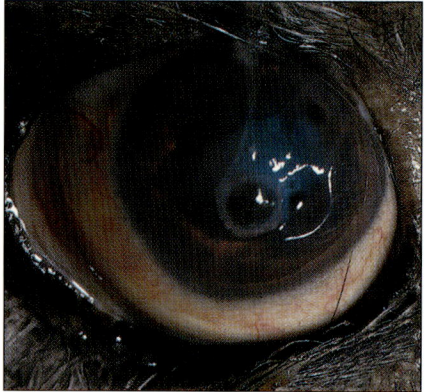

Vorfall der Nickhautdrüse

Dieser Zustand wird häufig auch als „Kirschauge" bezeichnet. Die Drüse der Nickhaut produziert etwa ein Drittel der Tränenflüssigkeit. Normalerweise ist sie nicht sichtbar im hinteren Augenwinkel. Wenn sie nun zwischen Nickhaut und Hornhaut vorfällt, zeigt sie sich als eine dunkelrote, fleischige Masse. Der Zustand entwickelt sich normalerweise während des ersten Lebensjahrs. Die Folge für den Hund ist nur eine leichte Irritation, aber wie die meisten Augenerkrankungen ist das Krankheitsbild sehr unansehnlich.

Flüssigkeitseinlagerungen erscheinen primär bei einer ererbten Dystrophie oder sekundär bei einer Hypercholesterolemie (bei Hunden häufig in Verbindung mit einer Hypothyroidose), einer chronischen Hornhautentzündung oder einer Neoplasie.

Hornhauterkrankungen

Die Hornhaut, auch Kornea genannt, ist der durchsichtige vordere Teil des Auges. Auf seinem Weg zur Netzhaut wird das Licht hier das erste Mal gebündelt. Die meisten Erkrankungen der Hornhaut zeigen sich in einer Verschlechterung ihrer Transparenz. Die Hornhaut besteht aus sehr stark enerviertem Gewebe. Verletzungen der Hornhaut führen immer zu starken Schmerzen und der Hund scheint leicht zu schielen.

Geschwüre auf der Hornhaut entstehen meist sekundär als Folge eines Schlages oder aufgrund von Irritationen, die durch ein Ektropium, ein Entropium oder durch fehlgewachsene Wimpern verursacht werden. Bei Hunden mittleren Alters und älteren Hunden können diese Geschwüre auch spontan aufgrund einer genetischen Disposition auftreten. Man spricht hierbei von einem oberflächlichen Hornhautgeschwür oder einem Boxer-Geschwür, da diese Erkrankung so häufig bei dieser Rasse auftritt. Sekundärinfektionen sind sehr häufig. Ein Hornhautgeschwür kann potentiell zur Erblindung führen; die Schwere der Sehbeeinträchtigung hängt von der Größe und der Tiefe des Geschwürs und weiteren Komplikationen ab. Es können beide oder nur ein Auge betroffen sein. Die Heilung ist in jedem Fall langwierig, da die Hornhaut sehr schlecht durchblutet wird.

Bei Hornhautentzündungen, die ursächlich nicht auf ein Hornhautgeschwür zurückgeführt werden können, geht man von einem immunvermittelten Zustand aus. Man kann sie gut mit immununterdrückenden Medikamenten wie Kortokosteroiden behandeln.

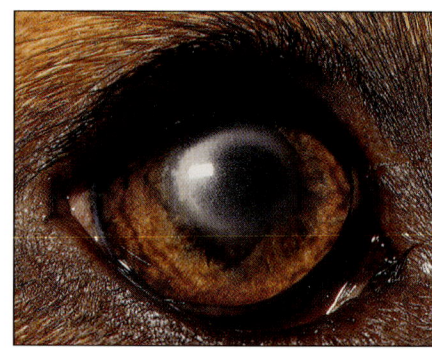

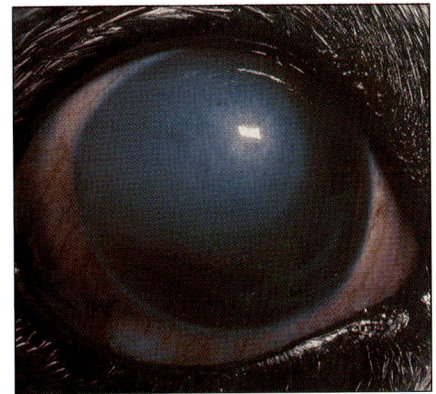

Die Hornhaut wandelt sich bei anhaltender Irritation in ein hautartiges Gewebe. Klinisch kann man dies an der Pigmentierung, Narben und Gefäßbildung erkennen. In einigen Fällen sprechen die Patienten auf tränenfördernde Mittel oder Kortikosteroide an, während andere von einer operativen Verengung der Augenöffnung profitieren, um die Hornhaut zu schützen.

Uveitis

Die Uveitis ist eine Entzündung der Adernhaut des Auges – Uvea genannt– und bei Hunden eine relativ häufige und ernstzunehmende Erkrankung. Sie kann sekundär nach einem Schlag oder anderen Erkrankungen des Auges auftreten, aber am häufigsten tritt sie im Zusammenhang mit einer Allgemeininfektion auf. Unbehandelt kann eine Uveitis zu Veränderungen an der Hornhaut, Netzhaut, dem Glaskörper oder auch dem Augeninnendruck führen. Die resultierenden Folgeerkrankungen wie Katarakt, Glaukom oder Netzhautdysplasie können zur Erblindung führen.

Glaukom (Grüner Star)

Das Auge ist im Wesentlichen ein hohler, flüssigkeitsgefüllter Körper. Der Innendruck wird über die Produktion und den Austritt von Flüssigkeit bei zehn bis zwanzig Millimeter auf der Quecksilberröhre gehalten. Die Zellen der Netzhaut reagieren extrem empfindlich auf Überdruck, der – unkontrolliert – innerhalb von Tagen oder nur Stunden zur Erblindung führen kann. Bei einem akuten Glaukom schwillt die Bindehaut an, die Hornhaut trübt sich und die Pupille erstarrt. Das Auge schmerzt und der Hund kann auf dem betroffenen Auge nicht mehr sehen. Chronische Fälle werden von Zeichen steigenden Unwohl-

Ödeme der Hornhaut können sich bei älteren Boston-Terriern, Zwergdackeln, Zwergschnauzern und anderen kleinen Hunderassen bilden. Ursache ist das Unvermögen der Epithelzellen der Hornhaut, die überschüssige Flüssigkeit „abzupumpen".

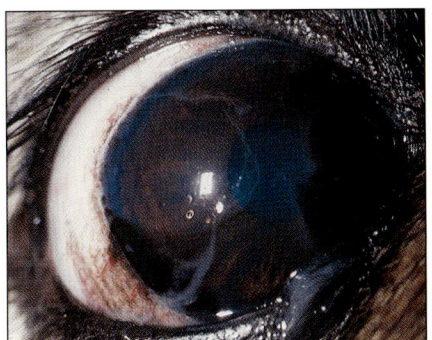

Die pigmentierte Keratitis bei diesem Hund führt sich auf Irritationen durch Gesichtsfalten zurück.

Bei Hunden tritt ein Glaukom meist mit einer plötzlichen, sehr starken Innendruckerhöhung auf, die das drei- bis vierfache des normalen Drucks betragen kann. Das Auge dieses Hundes zeigt die typische Rötung, eine leichte Trübung der Hornhaut durch ein Ödem und eine mittelgroße, starre Pupille.

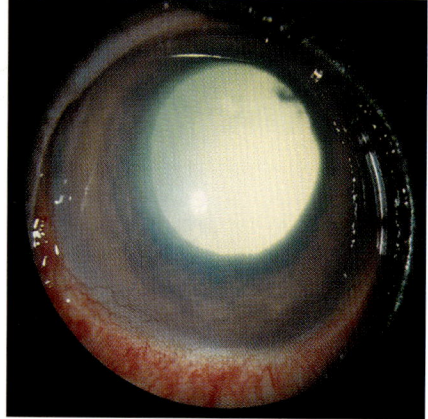

Links:
Eine typische hintere Katarakt, die zwischen dem ersten und zweiten Lebensjahr auftritt, aber selten zu ernsten Sehproblemen führt.
Rechts:
Eine angeborene Katarakt zeigt sich meist im Alter zwischen drei und sechs Jahren und entwickelt sich zu dem gezeigten Stadium fort, in dem die Sicht entscheidend behindert wird.

seins aufgrund der ständigen Schmerzen begleitet.
Die Behandlung eines Glaukoms ist auch heute noch eine große Herausforderung für alle Augenärzte; obwohl schon große Fortschritte gemacht wurden, enden viele Fälle immer noch mit der Erblindung des betroffenen Auges.

Katarakt (Grauer Star) und Linsenverschiebung

Die häufigste Ursache für eine Erblindung bei Hunden ist eine Katarakt; glücklicherweise kann der Graue Star inzwischen sehr gut operativ behandelt werden. Die Sehkraft kann durch den Einsatz

einer künstlichen Linse meist vollständig wiederhergestellt werden. Die meisten Katarakte bei Hunden sind angeboren; seltener sind sie die Folge einer Schlageinwirkung oder anderer Augenerkrankungen wie Uveitis, Glaukom, Linsenverschiebung oder Netzhautablösung. Eine Katarakt kann auch die Folge von Stoffwechselerkrankungen wie der Diabetis oder des Cushing-Syndroms sein. Anzeichen für eine Erkrankung ist eine langsam fortschreitende blaugraue Trübung der Linse. In diesem Punkt muss man genau zwischen einer Katarakt und dem normalen Alterungsprozess der Zell-Sklerose unterscheiden, die sich bei mittelalten und älteren Hunden findet und die Sehkraft kaum beeinträchtigt. Eine Linsendislokation führt häufig zu einem sekundären Glaukom; die Entfernung der verrutschten Linse ist leider nicht immer möglich, führt aber – wenn möglich – meist zur Heilung und zur Verhinderung von Folgeerkrankungen.

Netzhauterkrankungen

Degenerationen der Netzhaut sind meist erblich dispositioniert, werden aber bei Hunden häufig auch mit einem Vitamin-E-Mangel in Verbindung gebracht.

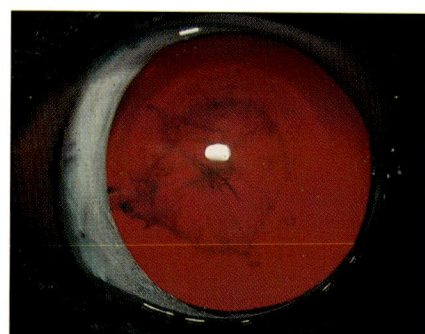

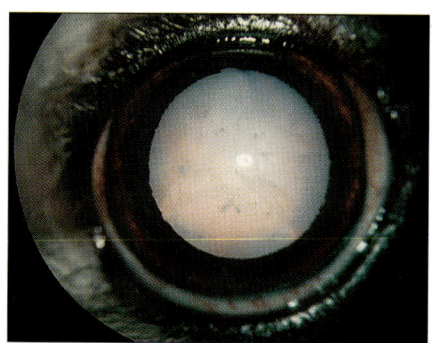

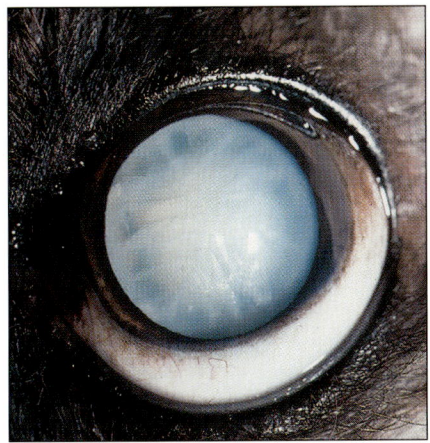

Die Symptome sind unterschiedlich, aber man kann meistens eine Abnahme der Sehkraft über einen Zeitraum von Monaten beobachten, der sich typischerweise zunächst als Nachtblindheit zeigt. Es gibt auch eine schneller verlaufende Form der Netzhautrückbildung, die innerhalb nur weniger Tage oder Wochen zu einem Sehverlust führt. Das letztliche Ergebnis ist unglücklicherweise das gleiche wie bei den anderen Formen, denn die Netzhaut ist nur in einem sehr geringen Maß fähig sich zu regenerieren. Die meisten Hunde zeigen jedoch eine erstaunliche Fähigkeit sich an das Leben in einer für sie unsichtbaren Welt zu gewöhnen, wenn man sich nur etwas mehr Zeit für sie nimmt. Sie können Ihrem Hund noch lange Zeit ein lebenswertes Dasein schenken.

Eine Ablösung der Netzhaut – aufgrund einer Blutansammlung zwischen der Netzhaut und der darunterliegenden Uvea – kann sekundär als Folge von Rissen oder Löchern in der Netzhaut, Zugkräften im Auge oder als Folge einer Uveitis auftreten. Netzhautablösungen können chirurgisch behandelt werden, wenn sie nur frühzeitig diagnostiziert werden.

Sehnerv

Eine Entzündung des Nervs, der das Auge mit dem Stammhirn verbindet, ist für Hunde eine eher seltene Erkrankung. Meist geht eine Sehnerventzündung mit einem eher plötzlichen Sehverlust und weit geöffneten, nicht mehr reagierenden Pupillen einher.

Eine vordere Linsenluxation kannbei Terrier-Rassen primär, oder sekundär nach einem Schlag auftreten. Die Aufhängung der Linse reißt und sie kann durch die Pupille vor die Iris wandern. Ein sekundäres Glaukom ist eine häufige Komplikation, die durch die Entfernung der verrutschten Linse verhindert werden kann.

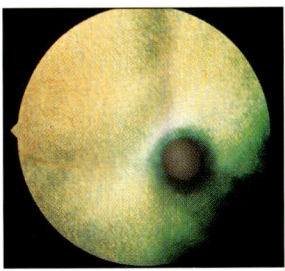
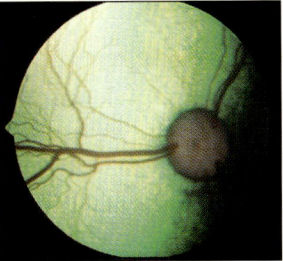
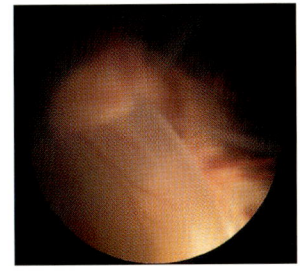
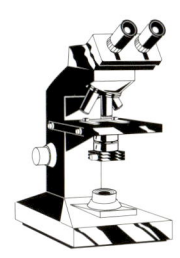

Links: Ein normaler Augenhintergrund. Im Vordergrund der Anfang des Sehnervs und die Blutgefäße der Netzhaut. Die Netzhaut ist transparent und die lichtreflektierende Schicht der Netzhaut darüber sichtbar. Mitte: Ein Auge mit einer vererblichen Retinadysplasie. Die lichtreflektierende Schicht der Retina verändert sich, an ihrem Pigmentepithel entstehen multilokale Herde von Hyperplasien. Rechts: Schlimme Anomalie („Collie-Auge") mit einer Ablösung der Netzhaut; dieses Auge ist unglücklicherweise erblindet.

Homöopathie:
eine Alternative zur Schulmedizin

Weniger ist mehr

Nach diesem Leitsatz wird die Stärke eines homöopathischen Mittels an der Anzahl der durchgeführten Potenzierungen zur Herstellung des Mittels gemessen. Je höher die Anzahl der Potenzierungen ist, desto stärker ist auch das homöopathische Mittel. Verarbeitet man einen Teil Ausgangssubstanz in 9 Teilen einer Wasser-Alkohol-Mischung oder in 9 Teilen Milchzucker, hat man ein Mittel der Potenz D1 hergestellt. Wenn ein Heilmittel auf diese Weise beispielsweise sechs Mal potenziert wurde, hat es die Potenz D6. Dabei darf „Potenzierung" nicht mit „Verdünnung" verwechselt werden. Eine Verdünnungsreihe führt nur zu einer geringeren Konzentration der Substanz. Bei den einzelnen Potenzierungen wird der Wirkstoff hingegen immer weiter aufgeschlossen. Die Konzentration sinkt dabei ebenfalls, aber die Wirksamkeit erhöht sich. Generell ist eine höhere Potenz mit häufigeren Einnahmen besser bei akuten Symptomen, wohingegen eine niedrigere Potenz in weniger häufiger Verabreichung bei chronischen und lang anhaltenden Problemen wirkungsvoller ist.

Das Heilen auf natürliche Weise

Der Begriff „holistische Medizin" beschreibt die Behandlung eines Tieres in seiner Gesamtheit als einzigartiges, perfektes Lebewesen. Generell unterdrückt eine holistische Behandlung nicht die vom Körper auf natürliche Weise hervorgebrachten Symptome, wie das bei den meisten von Ärzten verschriebenen Medikamenten der Fall ist. Holistische Methoden dienen der Heilung von Erkrankungen durch das Wiederherstellen der Balance und Harmonie in der Umgebung des Patienten. Einige dieser Methoden schließen Ernährungstherapien wie den Einsatz von Kräutern, Blütenessenzen, Aromatherapie sowie Akupunktur, Massagen, Chiropraktiken und natürlich die populärste aller holistischen Therapien, die Homöopathie, mit ein.

Die Homöopathie ist die Theorie oder das System der Behandlung von Erkrankungen mit kleinen Dosen von Substanzen, die – würde man sie in größeren Mengen einnehmen – genau die Symptome verursachen würden, unter denen der Patient bereits leidet. Obwohl die moderne Tiermedizin eher in Richtung „Schnellheilung" tendiert, verlässt sich die Homöopathie mehr auf den Glauben, dass der Körper in der Lage ist, sich selbst zu heilen, wenn ihm dafür ausreichend viel Zeit gegeben wird. Der schwierige Teil in der Tier-Homöopathie ist die Auswahl eines Mittels, das ein bei einem Hund vorliegendes Problem zu beseitigen vermag. Bitten Sie daher Ihren Tierarzt zunächst um eine professionelle Diagnose der Symptome Ihres Hundes. Oftmals verlangen diese Symptome umgehende konventionelle Pflege. Wenn Ihr Tierarzt dazu bereit ist und über das nötige Grundwissen verfügt, können Sie es auch mit einem homöopathischen Mittel versuchen. Achten Sie aber darauf, dass beispielsweise Kortison die Wirkung homöopathischer Mittel aufhebt. Es gibt Hunderte von Möglichkeiten und Kombinationen zur Beseitigung vieler Gesundheitsprobleme bei Hunden. Dazu gehören extremes Haaren, Flöhe oder andere Parasiten, unangenehme Geruchsausstrahlungen, Mundgeruch, ein verdorbener

Magen, trockenes, öliges oder stumpfes Fell, Durchfall, Ohrprobleme oder Augenausfluss (einschließlich Tränen der Augen oder Schleimabsonderungen); auch Verhaltensabnormitäten wie Angst oder unkontrollierte Lautäußerungen, Dauerlecken, Appetitmangel, ständiges Bellen, Übergewicht und verschiedene Phobien. Von Alumina bis Zincum Metallicum erstreckt sich die Herkunft der Heilmittel über die ganze Erde, von Blüten und Unkräutern bis zu Chemikalien, Insektenkot, Petroleum und Vulkanasche.

Die Anwendung der Homöopathie

Im Gegensatz zu konventionellen Medikamenten, die Symptome unterdrücken, behandeln homöopathische Mittel Krankheiten mit kleinen Dosen von Substanzen, die in größeren Mengen verabreicht genau die Symptome hervorrufen würden, unter denen der Patient bereits leidet. Während dasselbe homöopathische Mittel zur Behandlung unterschiedlicher Symptome bei verschiedenen Hunden verwendet werden kann, folgen hier nun einige interessante Mittel und deren Anwendung.

Apis Mellifica

Es kann bei Allergien oder zum Abklingen von Schwellungen akut entzündeter Nieren benutzt werden und wird aus dem Gift der Honigbienen hergestellt.

Nux vomica

Zur Kontrolle der Reisekrankheit.

Calcarea Fluorica

Kann zur Behandlung harter Gewebsknoten angewandt werden. Wird aus Kalziumfluorid hergestellt, das einer härteren Knochenstruktur dient.

Natrium Muriaticum

Zur Behandlung dünner, dehydrierter Hunde benutzt, wird es aus gewöhnlichem Kochsalz, Natriumchlorid, hergestellt.

Nitricum Acidum

Es wird aus Salpetersäure hergestellt und wird bei Symptomen angewendet, die man bei durch Säure hervorgerufenen Wunden vermuten würde, besonders in den Bereichen, wo die Haut an die Schleimhäute von Körperöffnungen wie den Lippen oder Nasenlöchern angrenzt.

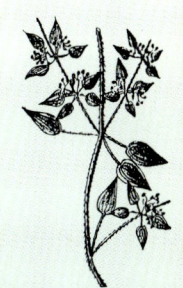

Symphytum

Aus dem Kraut Symphytum officinale hergestellt, regt es Knochenbrüche zum Heilen an.

Urtica Urens

Aus Brennessel hergestellt, wird es zur Behandlung schmerzhafter Hautreizungen und -ausschläge benutzt.

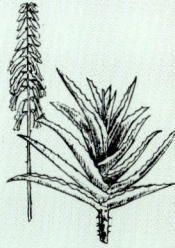

Homöopathische Mittel für Ihren Hund

Symptom/Krankheit	Mögliches Mittel
Allergien	Apis Mellifica D30, Astacus Fluviatilis D6, Pulsatilla D30, Urtica Urens D6
Alopezie	Alumina D30, Lycopodium D30, Sepia D30, Thallium D6
Verstopfte Analdrüsen	Hepar Sulphuris Calcareum D30, Sanicula D6, Silicea D6
Arthritis	Rhus Toxicodendron D6, Bryonia Alba D6
Katarakt	Calcarea Carbonica D6, Conium Maculatum D6, Phosphorus D30, Silicea D30
Verstopfung	Alumina D6, Carbo Vegetabilis D30, Graphites D6, Nitricum Acidum D30c, Silicea D6
Husten	Aconitum Napellus D6, Belladonna D30, Hyoscyamus Niger D30, Phosphorus D30
Durchfall	Arsenicum Album D30, Aconitum Napellus D6, Chamomilla D30, Mercurius Corrosivus D30
Trockenauge	Zincum Metallicum D30
Ohrenprobleme	Aconitum Napellus D30, Belladonna D30, Hepar Sulphuris D30, Tellurium D30, Psorinum D200
Augenprobleme	Borax D6, Aconitum Napellus D30, Graphites D6, Staphysagria D6, Thuja Occidentalis D30
Glaukom	Aconitum Napellus D30, Apis Mellifica D6, Phosphorus D30
Hitzschlag	Belladonna D30, Gelsemium Sempervirens D30, Sulphur D30
Schluckauf	Cinchona Deficinalis D6
Hüftgelenksdysplasie	Colocynthis D6, Rhus Toxicodendron D6, Bryonia Alba D6
Inkontinenz	Argentum Nitricum D6, Causticum D30, Conium Maculatum D30, Pulsatilla D30, Sepia D30
Insektenstiche	Apis Mellifica D30, Cantharis D30, Hypericum Perforatum D6, Urtica Urens D30
Juckreiz	Alumina D30, Arsenicum Album D30, Carbo Vegetabilis D30, Hypericum Perforatum D6, Mezerium D6, Sulphur D30
Zwingerhusten	Drosera D6, Ipecacuanha D30
Mastitis	Apis Mellifica D30, Belladonna D30, Urtica Urens 1m
Kniescheibenverrenkung	Gelsemium Sempervirens D6, Rhus Toxicodendron D6
Penisprobleme	Aconitum Napellus D30, Hepar Sulphuris Calcareum D30, Pulsatilla D30, Thuja Occidentalis D6
Zahnen	Calcarea Carbonica D6, Chamomilla D6, Phytolacca D6
Reisekrankheit	Cocculus D6, Petroleum D6, Nux vomica D6

Woran Sie erkennen, dass Ihr Hund krank ist

Im Gegensatz zu kranken Kindern mit Bauchschmerzen können uns Hunde nicht sagen, wenn sie krank sind oder was ihnen weh tut. Es gibt aber eine Reihe Anzeichen dafür, ob Ihr Hund krank oder gesund ist, auf die Sie achten müssen.

Achten Sie auf körperliche Veränderungen, wie beispielsweise

- ungewöhnlicher, schlechter Körpergeruch, einschließlich Mundgeruch
- starker Haarverlust
- starker Ohrenschmalz, chronische Ohrenprobleme
- öliges, schuppiges, stumpfes Fell
- schleimiger, tränender oder ähnlicher Ausschluss in den Augen
- Floh- oder Milbenbefall
- schleimiger Stuhlgang, Durchfall
- Schmerzempfindlichkeit beim Streicheln
- ständiges Pfotenlecken und Kratzen

Achten Sie auf Veränderungen im Verhalten, wie beispielsweise

- Lethargie, Trägheit
- Ungeduld und generell schnelle Reizbarkeit
- Appetitlosigkeit und Verdauungsstörungen
- Angstzustände (viele Menschen, laute Geräusch u. a.)
- merkwürdiges Verhalten, Misstrauen
- Koprophagie (Kotfressen)
- häufigeres Bellen
- Weinen und Winseln

Schnell wieder gesund werden

Sie brauchen keinen Doktortitel und müssen auch keine Wunder vollbringen, um Ihrem kranken Hund zu helfen, aber Sie müssen auf ein paar Dinge aufpassen, die einen gesunden Hund normalerweise nicht stören würden. Die folgenden Tipps werden Ihrem Hund helfen, schnell wieder auf seinen eigenen Pfoten zu stehen.

- Halten Sie seinen Platz frei von irritierenden Düften wie Raumsprays oder schweren Parfums.
- Ruhe ist die beste Medizin! Vermeiden Sie grelles Licht, das ihn beim Schlafen stört, und dunkeln Sie seinen Schlafplatz sowohl tagsüber als auch abends ab.
- Halten Sie die Lautstärke gedämpft. Hunde reagieren auf Geräusche empfindlicher, wenn sie krank sind.

- Achten Sie darauf, welche Temperatur die richtige für Ihren Hund ist. Ein Hund mit Fieber braucht es eher kühler und auch sein Wasser sollte kalt sein. Eine Hündin, die geworfen hat oder sich von einer Operation erholt, bevorzugt einen warmen Raum und wärmeres Wasser.
- Genau wie Sie Ihr krankes Kind nicht in die Schule schicken würden, dürfen Sie von Ihrem Hund auch nicht zu viel erwarten, bevor er sich nicht vollständig erholt hat.

Wenn Ihr Zwergschnauzer älter wird

Für Hunde wie für ihre Halter ist „alt" etwas Relatives. Sicherlich können wir leicht zwischen einem Zwergschnauzer-Welpen und einem erwachsenen Zwergschnauzer unterscheiden – schließlich sind die Unterschiede in der Körpergröße, dem allgemeinen Erscheinungsbild, der Persönlichkeit, im Verhalten und dem Gesichtsausdruck offensichtlich.

Wirklich bösartige Welpen sind eine ausgesprochene Seltenheit. Welpen und junge Hunde spielen gerne mit Kindern. Deren natürlicher Überschwang ist genau das Richtige für die scheinbar unerschöpfliche Energie junger Hunde. Sie lieben es zu rennen, zu springen, zu jagen und zu apportieren. Wenn Hunde heranwachsen und ihre Liebe zum Spielen mit Kindern nachlässt, wird oftmals angenommen, sie wären nun schon zu alt für diese Art von Aktivität. Tatsächlich wird ein Zwergschnauzer, der hauptsächlich mit Personen von über sechzig Jahren zusammenkommt, ein weniger aktives Leben führen als ein anderer, der vor allem jüngere Menschen um sich hat. Wie dem auch sei, ein Hund wird meistens als alter Hund betrachtet, wenn sein Aktivitätstrieb nachlässt.

Einer Lebenserwartung von 100 Jahren beim Menschen entsprechen etwa 20 Hundejahre. Diese Faustregel lässt sich aber nicht auf alle Rassen anwenden. Es ist aber realistisch zu sagen, dass Zwergschnauzer im Schnitt 14 Jahre alt werden. Im Vergleich zu vielen großen Hunderassen, die meist nur acht bis neun Jahre alt werden, ist dies schon ein beachtliches Alter.

Hunde sind erst mit etwa drei Jahren körperlich und geistig vollständig ausgereift, aber schon wesentlich früher fortpflanzungsfähig. Man kann diese ersten drei Hundejahre mit den ersten 21 Lebensjahren eines Menschen vergleichen. Ein dreijähriger Hund ist in seiner Entwicklung demnach auf dem Stand eines 21-jährigen Menschen. Wie die folgende Vergleichskurve zeigt, gibt es jedoch keine feste und in jedem Fall zutreffende Regel zum Vergleich des menschlichen mit dem Hundealter,

Der alte Hund

Ihr Hund wird dann alt, wenn Sie es ihm anmerken. Seine allgemeine Aktivität lässt nach: Er rennt, läuft und frisst weniger und sogar seine früheren Lieblingsspiele werden nicht mehr so intensiv ausgeübt. Andere Beschäftigungen nehmen zu: Er schläft mehr, er ist anlehnungsbedürftiger und zeigt dies durch vermehrtes Handlecken. Manchmal wiederholt er ohne Aufforderung früher gelernte Verhaltensweisen.

Charakteristische Merkmale des älteren Hundes

Symptome:

Es gibt verschiedene Möglichkeiten der Erläuterung von „CDS". Veterinärmediziner bezeichnen mit „CDS" die allmähliche Verschlechterung der Gehirnfunktion – sozusagen der „Denkfähigkeit" des Hundes. Diese äußert sich zum Beispiel in Verhaltensveränderungen. Wenn sich die seit Jahren eingespielten Reaktionen eines Hundes plötzlich auffällig verändern (und körperliche Erkrankungen als Ursache hierfür ausgeschlossen wurden), so lautet die Diagnose in der Regel „CDS". Über 50 % aller Hunde über acht Jahren leiden in irgendeiner Form an CDS – je älter der Hund ist, desto stärker. Bei alten Menschen werden solche Verhaltensveränderungen aufgrund von CDS oft als Anzeichen nachlassender Spannkraft abgetan.

Es gibt vier deutliche Anzeichen für CDS:

- Häufige Probleme mit der Stubenreinheit
- Veränderte Schlafgewohnheiten
- Verwirrung
- Keine Reaktion auf äußere Reize

Häufige Probleme mit der Stubenreinheit
- Urinieren im Haus
- Absetzen von Kot im Haus
- Zeigt nicht an, wenn er hinaus muss

Veränderte Schlafgewohnheiten
- Bewegt sich sehr langsam
- Schläft am Tag mehr als normal
- Schläft nachts weniger als normal
- Geht ziel- und lustlos umher

Verwirrung
- Verkriecht sich oft
- Erkennt Freunde nicht
- Geht hinaus und bleibt stehen
- Kommt nicht zu Ihnen, wenn er gerufen wird
- Erscheint verwirrt, abwesender Blick

Keine Reaktion auf äußere Reize
- Nimmt weniger Kontakt zu Menschen auf, egal ob er gerufen wird oder nicht
- Mag nur kurze Zeit gestreichelt werden
- Kommt zur Begrüßung nicht an die Tür, wenn man nach Hause kommt.

alle Menschen das gleiche Alter erreichen, denn Frauen werden durchschnittlich älter als Männer.

Was bei älteren
Hunden zu beachten ist

Die meisten Veterinärmediziner und Ver-
haltensspezialisten erachten einen
Hund ab seinem siebten Lebensjahr als
alt. Darunter ist allerdings nicht zu verstehen, dass der Hund nun ein Greis ist
und sich Körper und Verstand in der Auf-
lösung befinden. Das Älterwerden ist
tatsächlich ein langsamer Prozess. Menschen geben unumwunden zu, dass sie
von ihrem zwanzigsten bis dreißigsten
Lebensjahr an, und dann vom dreißigsten bis zum vierzigsten, einen Unter-

schied in ihrem Aktivitätsgrad feststellen. Wenn Sie Ihren sieben Jahre alten
Hund „seniorengerecht" versorgen wollen, stehen Ihnen verschiedene vorbeugende medizinische Strategien zur Verfügung. Das Pflegeprogramm für Ihren
älteren Hund sollte aus mindestens zwei
Tierarztbesuchen pro Jahr bestehen, um
den Gesundheitszustand des Hundes
zu überprüfen. Solche Routineuntersu-
chungen sollten jeweils eine komplette
Blutuntersuchung, eine Analyse der
Blutserumchemie, eine Elektrolyten-
zählung, Urinanalyse, einen Blutdruck-
test, ein Elektrokardiogramm, eine
Augendruckmessung und eine Zahn-
untersuchung einschließen. Informieren Sie sich über eine altersgerechte

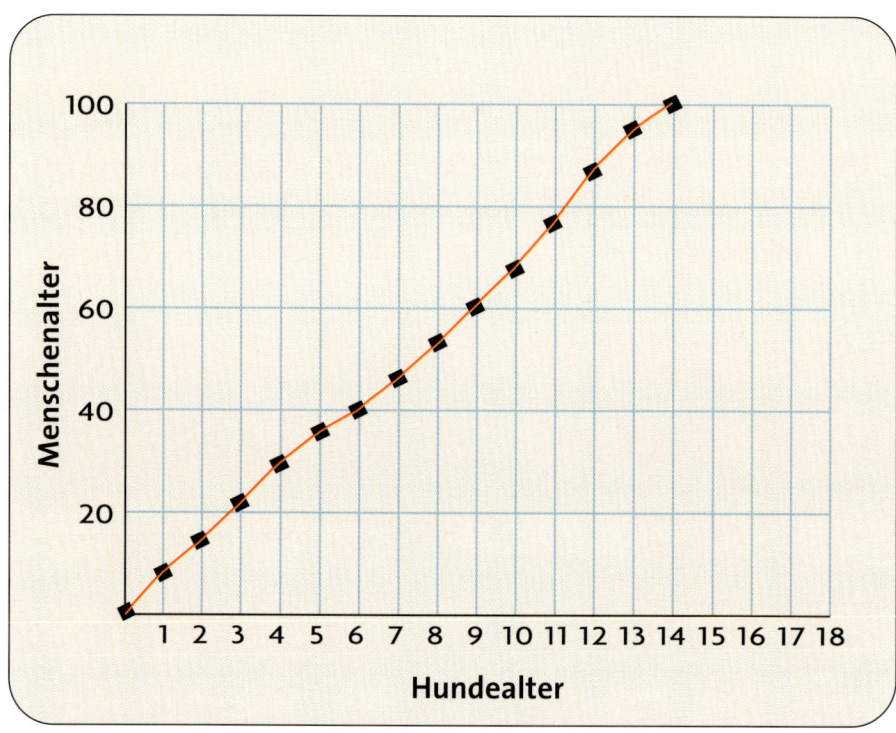

Ernährungsumstellung. Mit dieser Altersvorsorge sollten Sie beginnen, noch bevor Sie offensichtliche Anzeichen für den Alterungsprozess wahrnehmen, wie unter anderem langsamere und stockende Bewegungsabläufe, eine graue Schnauze, ein erhöhtes Schlafbedürfnis und Desinteresse an Spielen und anderen Aktivitäten. Das vorbeugende Pflegeprogramm verspricht Ihrem Hund ein langes und gesundes Leben im Alter. Zu den häufigsten Problemen bei alternden Hunden gehören eine nachlassende Sehfähigkeit, Arthritis, Nieren- und Leberversagen, Diabetes mellitus, Herzkrankheiten und das Cushing-Syndrom (eine Hormonkrankheit).

Zusätzlich zu den erwähnten physischen Problemen sind auch Verhaltensänderungen und andere mit dem Älterwerden in Verbindung stehende Probleme festzustellen. Hunde, die unter einer verminderten Seh- oder Hörfähigkeit, Zahnproblemen oder Arthritis leiden, können aggressiv werden. Dies gilt auch für Hunde, die nahezu taub oder blind sind, denn sie sind schreckhafter und können in unberechenbar aggressiver Weise reagieren. Alte, bereits senile Hunde können unduldsam werden und sind schnell zu irritieren. Toilettenunfälle gehen einher mit einem Verlust der Mobilität, Nierenproblemen, dem Verlust der Kontrolle über die Schließmuskeln sowie mit Zahnbelagansammlungen, physiologischen Veränderungen des Gehirns und ungewohnten Reaktionen auf Medikamente. Alte Hunde leiden genau wie Welpen unter Trennungsangst, was sich in übermäßigem Winseln, nachlassen-

Hormonelle Probleme

Das Ergrauen des Fells ist bei Hunden normal – im Gegensatz zu Haarausfall und kahlen Stellen. Solche Erscheinungen können auf gesundheitliche Probleme deuten, beispielsweise auf eine Schilddrüsenunterfunktion. Ihr Tierarzt kann diese Unterfunktion, bei der die Drüse nicht die ausreichende Menge Hormone produziert, medikamentös ausgleichen. Ihr Hund kann dann ein ganz normales Leben führen.

der Stubenreinheit und einem destruktiven Verhalten äußern kann.

Ältere Hunde können vor alltäglichen Geräuschen wie dem Staubsauger, der Heizung, Donner und dem Straßenverkehr Angst haben. Einige Hunde leiden unter Schlafstörungen, weil sie Schmerzen haben, unter verstärktem Harndrang oder ähnlichem. Sie sollten Ihren alten Hund nicht mit zu vielen fetten Leckerbissen verwöhnen, denn Übergewicht ist ein häufiges Problem im Alter, das die Lebenserwartung verkürzt. Außerdem ist Übergewicht eine zusätzliche Belastung für die lebenswichtigen Organe und Gelenke, weshalb auch ein alter Hund so schlank und fit wie möglich sein sollte. Viele Züchter empfehlen zu diesem Zweck für alte Hunde eine kalorienarme, aber ballaststoffreiche Ernährung. Die Zugabe von frischem Gemüse und Knochenmarkbrühe macht das Futter für den Senior schmackhaft, kalorien- und fettarm. Tierärzte bieten ebenfalls spezielle Futtersorten für alte Hun-

145

de an, die dem Alter und den körperlichen Ansprüchen entsprechend ausgewogen sind.

Ihr Hund benötigt während dieses Alterungsprozesses Ihre Geduld und die beste Pflege, die Sie ihm geben können. Sie sollten einen alten Hund niemals für einen Unfall im Haus oder ein abnormales Verhalten bestrafen. Für all die Jahre, in denen er Ihnen seine Liebe, seinen Schutz und seine Kameradschaft geschenkt hat, verdient er im Alter Ihre besondere Aufmerksamkeit und Pflege. Der alte Hund muss sich vielleicht um drei Uhr morgens erleichtern, denn er kann „es" nun nicht mehr über acht Stunden einhalten. Er kann wahrscheinlich auch nicht mehr länger als zwei bis drei Stunden alleine im Haus eingesperrt werden. Vielleicht ist nun auch die Zeit gekommen, wo Sie Ihrem alten Freund ein altes Sofa oder einen Sessel abtreten sollten. Auch wenn es vielleicht nicht den Anschein hat, als würde er sich wirklich über Ihre gesteigerte Aufmerksamkeit und mehr Krauleinheiten freuen, so können Sie sicher sein, dass er es wirklich genießt.

Ihr Zwergschnauzer kann nicht verstehen, weshalb sich die Welt um ihn herum immer langsamer dreht. Deshalb muss der Halter ihm den Übergang in die goldenen Lebensjahre so leicht und angenehm wie möglich machen.

Was tun, wenn die Zeit kommt?

Sie sind niemals wirklich darauf vorbereitet, die rationale Entscheidung zu fällen, Ihren Hund einschläfern zu lassen. Sie lieben Ihren Zwergschnauzer, das ist selbstverständlich. Ihren geliebten Hund einschläfern zu lassen, ist eine extrem schwierige Entscheidung, die Sie mit der Unterstützung Ihres Tierarztes und Ihrer Freunde treffen sollten.

Wenn das Leben Ihres Hundes durch die Schwere einer Erkrankung oder die Behinderung durch Altersleiden so beeinträchtigt wird, dass das Ende nahe ist oder Ihr geliebter Hund für die restliche, ihm verbleibende Zeit nur noch leiden wird, ist das Einzige, was Sie für ihn tun können, die sanfte Erlösung von seinen Leiden. Ich finde, das sind Sie ihm nach Ihrer langjährigen Freundschaft schuldig.

Was geschieht beim Einschläfern?

Der Begriff Euthanasie ist aus dem Griechischen abgeleitet und bedeutet soviel wie „guter Tod". Mit anderen Worten ist mit „Euthanasie" der geplante und schmerzlose Tod gemeint. Ein Hund, der unter einer schmerzhaften und unheilbaren Krankheit leidet oder so alt ist, dass er nicht mehr laufen, sehen, fressen oder seine grundlegenden Körperfunktionen kontrollieren kann, hat kaum mehr Lebensfreude. Eingeschläfert wird gewöhnlich mittels der Injektion einer Überdosis eines Anästhesiemittels oder Barbiturats. Außer dem Einstich der Injektionsnadel spürt Ihr Hund nichts .

Und wie geht es Ihnen?

Die Tage zwischen dem Ausbruch der Krankheit und dem Tod Ihres Hundes sind sicherlich äußerst belastend. In die schwere Entscheidung, Ihren Hund einschläfern zu lassen, sollten auf jeden Fall alle Familienmitglieder, auch die Kinder, mit einbezogen werden. Dies ist allen eine Hilfe auf dem harten Weg der Entscheidungsfindung. Tun Sie Ihrem Hund aber bitte einen Gefallen: Schieben Sie den unvermeidlichen Entschluss nicht zu lange vor sich her! Das würde seine Leiden ohnehin nur unnötig (und unzumutbar) verlängern. Der Tierarzt kann versuchen, mit starken Medikamenten die letzten Tage des Tieres etwas zu erleichtern, aber wirklich helfen können nur Sie. Vielleicht tut es Ihnen ja gut, mit Ihren Familienangehörigen zu sprechen oder auch mit Freunden, die schon einmal in der gleichen Situation waren. Keinesfalls hat es Ihr langjähriger vierbeiniger Freund verdient, übermäßig zu leiden.

Der letzte Ruheplatz

Hunde können auf einem Hundefriedhof begraben werden, was allerdings sehr kostspielig ist. Sie können Ihren Hund unter bestimmten Voraussetzungen auch in Ihrem Garten beerdigen oder ihn einäschern lassen und seine Asche mit nach Hause nehmen.

All diese Möglichkeiten sollten Sie mit Ihrem Tierarzt und Ihrer Familie diskutieren und sich auch über die jeweiligen Kosten informieren. Bei Feuerbestattungen für Hunde handelt es sich meistens um Massenverbrennungen. Sie erhalten dann später nicht wirklich die Asche Ihres Hundes, sondern nur einen Teil der Asche aus dieser Gemeinschaftsverbrennung. Wenn Sie die sterblichen Überreste Ihres Hundes beim Tierarzt lassen (auch das ist gegen eine kleine Gebühr selbstverständlich möglich), ist dieser dazu verpflichtet, sie zu einer Tierkörperverwertungsstelle zu geben.

Ihr Tierarzt kann Ihnen sicher bei der Suche nach einem Tierfriedhof helfen. Auch für Hunde sind Urnen- und Erdbestattungen möglich.

Wie wäre es mit einem neuen Hund?

Der Verlust Ihres geliebten Hundes trifft Sie vielleicht genauso hart wie der Tod eines nahen Verwandten oder Freundes. Ein Hund, der erst im hohen Alter gestorben ist, wurde mit den Jahren ruhiger und langsamer. Wenn Sie sich nun einen temperamentvollen Welpen aussuchen, wird er Ihr Leben ziemlich auf den Kopf stellen! Vielleicht ist das genau die Ablenkung, die Sie nun brauchen. Oder wäre ein erwachsener Hund von zwei oder drei Jahren mit ausgereifter Persönlichkeit etwas für Sie? Wollen Sie überhaupt wieder einen Zwergschnauzer? Das könnte Sie verführen, Ihren neuen Hund ständig mit Ihrem alten Hund zu vergleichen.

Wenn Sie aber Ihre bisherige Rasse so lieben, dass Sie nie wieder einen anderen Hund als einen Zwergschnauzer haben möchten: Warum fragen Sie nicht den Züchter Ihres ersten Hundes, wann er den nächsten Wurf erwartet? Sie haben bestimmt auch Kontakte zu anderen Zwergschnauzer-Besitzern und weiteren Züchtern knüpfen können. Wenn Sie einen erwachsenen Hund suchen, wenden Sie sich an Tierheime oder die Notvermittlungen der Vereine, die Hunde vermitteln, die von ihren Besitzern abgegeben wurden.

147

Ihr Zwergschnauzer auf Ausstellungen

Wenn Sie Ihren Zwergschnauzer kaufen, sollten Sie Ihrem Züchter sagen, ob Sie lediglich einen liebenswerten Begleithund möchten oder ob Sie hoffen, eines Tages mit Ihrem Zwergschnauzer auf Ausstellungen gehen zu können. Kein verantwortungsvoller Züchter kann Ihnen garantieren, dass aus Ihrem Welpen ganz sicher ein Ausstellungshund wird. Es kann vieles während der ersten Wochen und Monate in der Entwicklung des Welpen geschehen. Falls Sie planen, Ihren Hund auszustellen, sollten Sie jedoch einen Welpen mit „Show-Potential" erwerben.

Für den Laien mag das Ausstellen des Zwergschnauzers im Ring recht einfach aussehen. Aber es ist viel harte Arbeit und Engagement nötig, um eine hochangesehene Ausstellung wie beispielsweise die Cruft`s Dog Show in Großbritannien zu gewinnen. Natürlich gehört auch ein Quäntchen Glück dazu!

Das erste, was einem Neuling auf Ausstellungen auffällt, ist, dass jeder Hund zuerst gegen Artgenossen der eigenen Rasse antritt. Haben die Richter schließlich den Besten jeder Rasse ermittelt, vorausgesetzt, es ist eine Ausstellung für verschiedene FCI-Gruppen, treten diese Rassebesten einer jeden Gruppe gegeneinander an. Am Ende konkurrieren dann die Sieger der jeweiligen Gruppen miteinander. Der Sieger davon ist dann der „Best in Show" (BIS). Auf internationalen Ausstellungen des VDH werden auch die Zweit- und Drittplatzierten ermittelt.

Als nächstes muss man sehen, dass die Hunde nicht direkt miteinander verglichen werden. Der Richter prüft bei jedem Einzelnen, wie nahe er dem Rassestandard kommt. Der Rassestandard beschreibt, wie der ideale Vertreter aussehen sollte. Einige frühe Rassestandards basieren in der Tat auf der Erscheinung ganz bestimmter Hunde, die sehr berühmt waren. Dennoch sind viele Züchter der Meinung, dass der perfekte Hund nie gezüchtet wurde. Somit stand der „perfekte" Hund niemals in einem Aus-

Die Anmeldung

Lassen Sie sich vom zuständigen Zuchtschauleiter das Ausstellungsprogramm mit einem Meldeformular schicken. So finden Sie heraus, in welcher Klasse Sie Ihren Hund einschreiben müssen. Füllen Sie das Formular in Ruhe aus. Legen Sie die Meldegebühr in Form eines Schecks bei oder überweisen Sie den Betrag auf das genannte Konto. Beachten Sie das Datum des Meldeschlusses! Und lesen Sie sich sorgfältig durch, wozu Sie sich mit Ihrer Unterschrift auf dem Meldeschein verpflichten.

stellungsring, wurde niemals gezüchtet und existiert, zum Leidwesen der Züchter, nirgends auf der ganzen Welt. Obwohl der „perfekte" Hund eine Illusion bleibt, versuchen die Züchter mit jedem Wurf, dem Ideal so nahe wie möglich zu kommen. (Und sollte dieser Hund jemals geboren werden, würden Züchter und Richter niemals zugestehen, dass er tatsächlich perfekt ist.)

Wenn Sie an Hundeausstellungen interessiert sind, ist es das Beste, wenn Sie sich Ihrem Rassehundverband anschließen. Diese Klubs veranstalten sowohl Spezialzuchtschauen als auch Sonderschauen auf großen internationalen Shows. Daneben gibt es noch andere kleinere und größere Veranstaltungen. Alle sind auch dann interessant, wenn man nur als Zuschauer dabei ist. Es gibt Klubzeitungen, Trainingsseminare und Ausbildungskurse, damit die Hundebesitzer mehr über ihre Rasse erfahren. Wo der nächste für Sie geeignete Verband ist, erfahren Sie beim Verband für das deutsche Hundewesen e.V. (VDH). Der VDH ist der deutsche Dachverband der international anerkannten deutschen Rassehundverbände. Nach seinen Rahmenbedingungen bieten die Rassehundverbände Begleithundeprüfungen, Agility-Wettkämpfe, Leistungsprüfungen und andere Aktivitäten an. Der VDH setzt die Bestimmungen für die Durchführung verschiedener Veranstaltungen fest, beispielsweise für Ausstellungen, für die Eintragung der Hunde ins Zuchtbuch, für Prüfungen usw. Die bedeutendsten Ausstellungen, die der VDH jährlich ausrichtet, sind die Europasieger- und die Bundessiegerzuchtschau.

Die Ausstellungsklassen

Für jedes der beiden Geschlechter Ihrer Hunderasse kann es bis zu acht Ausstellungsklassen geben. Informieren Sie sich über die Ausstellungsrichtlinien, damit Sie Ihren Hund auch in der richtigen Klasse anmelden. Es gibt beispielsweise je nach Alter die Jüngstenklasse (sechs bis neun Monate), die Jugendklasse (neun bis achtzehn Monate) und die offene Klasse (ab fünfzehn Monate). Unter den Klassensiegern werden zusätzlich die Rassebesten und bei Mehr-Rassen-Ausstellungen aus diesen dann der „Best-in-Show" gekürt. Genaue Auskunft darüber gibt die VDH-Zuchtschauordnung, die Ihnen gerne vom VDH zugeschickt wird!

Hier werden die Titel „Bundessieger", sowie „Bundesjugendsieger" und „Europasieger" und „Europajugendsieger" verliehen. Zum Vergleich ein Blick nach England: Hier ist die weltweit bekannte Crufts Dog Show das Ereignis schlechthin. Circa 20 000 der besten Hunde Großbritanniens treten hier an. Für diesen Wettbewerb kann man sich nicht einfach so anmelden, nein, die Teilnehmer müssen sich erst dafür qualifizieren. Auch bei uns gibt es verschiedene Titel zu gewinnen, beispielsweise „Internationaler Champion" und „Nationaler Champion". Für beide sind einige Anwartschaften auf verschiedenen Ausstellungen unter verschiedenen Richtern nötig. Bei den Gebrauchs- und Jagdhunden sind für den Titel „Internationaler Champion" meist auch noch bestimmte Arbeitsprüfungen notwendig. Die großen internationalen Hundeausstellungen unter der Leitung des VDH stehen allen Hunderassen offen. Die gemeldeten Hunde müssen jedoch aus einer FCI-anerkannten Zucht stammen. Ob ein Hund aus einer solchen Zucht stammt, sieht man daran, dass auf seiner Ahnentafel neben der Abkürzung des Rassezuchtverbandes die Abkürzungen FCI für Fédération Cynologique Internationale sowie die Abkürzung VDH oder die des entsprechenden ausländischen Landesdachverbandes zu finden ist.

Die Richter werden auf diesen Ausstellungen vom VDH bestellt. Es sei denn, ein Rassezuchtverein übernimmt die Organisation seines Rings selbst, das

Wichtige Adressen

Pinscher-Schnauzer-Klub 1895 e. V.
Barmer Str. 80
42899 Remscheid
www.psk-pinscher-schnauzer.de

Verband für das Deutsche
Hundewesen e. V.
Westfalendamm 174
44141 Dortmund
www.vdh.de

Fédération Cynologique Internationale
14, rue Leopold II
B-6530 Thuin, Belgium
www.fci.de

American Kennel Club
5580 Centerview Drive
Raleigh, NC 27606-3390, USA
www.akc.org

wird dann „Sonderschau" genannt. Da sich der jeweilige Verein dann auch selbst um einen Richter bemüht, sind so meist Spezialrichter für die jeweilige Rasse anwesend.

Weitere Arten von Ausstellungen sind Klubschauen und Spezialzuchtschauen. Diese Ausstellungen sind immer auf die betreuten Rassen eines Zuchtverbandes ausgerichtet. Auf den einmal jährlich stattfindenden Klubschauen wird der „Klubsieger", also der beste Hund des Zuchtvereins ermittelt. Die Spezialzuchtschauen werden von den jeweiligen Landesgruppen ausgerichtet.

Auf Ausstellungen werden die Hunde in verschiedene Klassen eingeteilt. Diese können sich nach dem Alter, nach bestandenen Arbeitsprüfungen oder nach bereits errungenen Titeln richten. Für Ausstellungsneulinge gibt es noch eine weitere Form der Schau – die in Deutschland weniger bekannte Pfostenschau. Hier läuft alles so ab wie auf einer normalen Ausstellung, die Bewertungen sind aber inoffiziell. Eine Pfostenschau gibt dem Neuling die Möglichkeit, sich mit der Atmosphäre einer Ausstellung vertraut zu machen und zu sehen, wo etwa sein Hund steht. Da es letztlich um nichts geht, braucht man nicht nervös zu sein.

Wer noch nie ausgestellt hat, sollte entweder zuerst an einer Pfostenschau oder an einem speziellen Ringtraining teilnehmen. Man lernt, wie man seinen Hund vorführen muss, und bekommt so manche guten Tipps von „alten Hasen". Als erste offizielle Ausstellung sind kleinere Schauen, wie beispielsweise Spezialzuchtschauen oft besser geeignet als die

Hier wird ein Zwergschnauzer auf einer Ausstellung beurteilt. Wenn Hunde miteinander konkurrieren, werden sie von den Richtern genauestens begutachtet.

großen internationalen. So können sich Herr bzw. Frau und Hund langsam an den Rummel gewöhnen, der dort herrscht. Nehmen Sie sich etwas Bequemes zum Sitzen und gegebenenfalls ausreichend

Einen Titel gewinnen

Eine Championats-Anwartschaft auf einer der Rassehundeausstellungen des VDH zu gewinnen, ist für jeden Hund eine große Auszeichnung. Den Titel eines Champions zu erhalten, erfordert viel Zeit und Einsatz und kann teuer werden. Die Bausteine für den Erfolg eines Champions sind ein standardgerechter Hund, beste Pflege, Training, fachgerechtes Trimmen und nicht zuletzt das nötige Glück.

Proviant, Futter und Wasser für den Hund sowie sein Bett mit. Ausstellungen dauern den ganzen Tag, und selbst wenn man gleich morgens an der Reihe ist, muss man bis zum Ende der Ausstellung dableiben und bekommt erst dann Urkunde und Richterbericht sowie vielleicht einen Pokal.

Bevor Sie in den Ring gehen, beobachten Sie die Aussteller, die vor Ihnen dran sind, und verfolgen Sie, was im Ring abläuft. Seien Sie beim ersten Mal nicht übermäßig nervös. Normalerweise müssen sich die Konkurrenten der Meldenummer nach aufstellen. Der Richter wird die Hundebesitzer bitten, ihre Hunde aufzustellen. Stellen Sie Ihren Hund so hin, dass er am vorteilhaftesten aussieht. Zuerst wird der Richter die Hunde aus einiger Entfernung und aus verschiedenen Blickwinkeln betrachten. Dann wird er sie einzeln aus der Nähe in Augenschein nehmen, um ihr Gebiss, den Ausdruck, den Körperbau und die Muskulatur zu prüfen. So verschafft er sich schon einen ersten Eindruck, inwieweit der Hund dem Rassestandard entspricht. Eines der wichtigsten Kriterien ist das Gangwerk des Hundes. Wenn der Richter Sie auffordert, mit dem Hund zu laufen, sollte er an lockerer Leine an Ihrer Seite traben. Achten Sie auf die Anweisungen des Richters und richten Sie sich danach! Bevor sich der Richter dann dem nächsten Hund zuwendet, wird er sich Ihren abschließend noch einmal genau anschauen.

Lassen Sie sich nicht entmutigen, wenn Sie auf Ihrer ersten Ausstellung nicht unter den ersten drei sind. Haben Sie Geduld und machen Sie beständig weiter, dann stehen Sie vielleicht auch einmal auf der Liste der Gewinner. Bedenken Sie, dass auch die Sieger einst so angefangen haben wie Sie. Nur weil sie sehr viel Zeit und Geld investiert haben, haben sie ihre Erfolge errungen.

Falls Ihr Zwergschnauzer jedoch immer zu den Verlierern gehört und nie eine gute Bewertung bekommt, sollten Sie überlegen, ob nicht eine andere Art der Ausbildung für Ihren Hund besser geeignet ist. Oder Sie genießen ihn einfach als reinen Familienhund.

Ausbildungsmöglichkeiten für den Zwergschnauzer

Wie Sie bereits lesen konnten, ist der Zwergschnauzer ein aktiver Hund, der gerne beschäftigt werden möchte. Wichtig ist zunächst, dass der Zwergschnauzer, auch wenn er ein kleiner Hund ist, in allen möglichen Alltagssituationen einen guten Gehorsam lernt. Dazu gibt es von Vereinen und privaten Hundeschulen entsprechende Ausbildungskurse. Achten Sie auf die Qualität solcher Ausbildungskurse. Ein guter Grundgehorsam ist auch die Grundlage für alle weiteren Beschäftigungs- und Ausbildungsmöglichkeiten des Hundes.

Der Pinscher-Schnauzer-Klub 1895 e.V. bietet einige rassespezifische Ausbildungen an. Dazu einige Beispiele.

Die Ausdauerprüfung

Bei der Ausdauerprüfung muss der Zwergschnauzer eine Strecke von 10 km neben dem Fahrrad traben. Dabei gibt es nach 5 und nach 10 km je eine Pause von 15 Minuten mit einer Kontrolle der Pfoten. Anschließend müssen noch einige Unterordnungsübungen absolviert werden.

Die Begleithundeprüfung

Bei der Begleithundeprüfung soll der Hund zeigen, dass er alle Grundkommandos wie „Fuß", „Sitz", „Platz", „Hier" und „Bleib" in unterschiedlichen Prüfungsanordnungen und zum Teil unter Ablenkung beherrscht. Sie ist normalerweise der Einstieg in den weiteren Hundesport.

Ausbildung zum Fährtenhund

Bei dieser Art der Ausbildung lernt der Hund, an der Suchleine konzentriert eine menschliche Fährte zu arbeiten. Je nach Ausbildungsstand sind die Fährten unterschiedlich lang und 3 Stunden alt. Bei der Stufe FH 1 ist die Fährte 1 000–1 400 Schritte lang. Bei der Stufe FH 2 hat sie eine Länge von 2 000 Schritten. Auf der Fährte, die in mehreren Winkeln verläuft, werden vier bzw. sieben Gegenstände ausgelegt, die der Hund verweisen muss.

Wachhundeprüfung

Bei dieser Prüfung muss der Hund neben einigen Unterordungsübungen ähnlich der Begleithundeprüfung und dem Apportieren seine Wachhundeigenschaften unter Beweis stellen. Dabei wird versucht, dem Hund einen Gegenstand zu nehmen, der vor dem Hund liegt. Nun soll der Hund diesen verteidigen. Wie der Schutzdienst erfordert auch diese Ausbildung viel Verantwortung und sollte nicht leichtfertig absolviert werden.

Die folgenden Arten der Arbeit mit dem Zwergschnauzer sind unabhängig von Rassezuchtvereinen und für viele Hunde geeignet.

Agility

Dieser Geschicklichkeitssport aus England erfordert vom Hund eine gute Lenkbarkeit und Konzentration, Wendigkeit und Gehorsam sowie eine sehr gute Zusammenarbeit zwischen Mensch und Hund. Der Hund lernt bei dieser Ausbildung, einen Parcours zu überwinden, der aus etlichen verschiedensten Hindernissen besteht. Da gibt es Hürden, Tunnels, Laufstege, Slaloms usw. Ziel ist es, diesen Parcours möglichst

Die Siegerehrung – ein besonderer Moment für Hund und Handler

153

Die Ausstellungs-Etikette

Es gibt für den Ablauf im Ausstellungsring gewisse Regeln, die man am besten durch praktische Erfahrung lernt. Für Sie als Neuling kann die Atmosphäre am Ring ziemlich einschüchternd wirken, vor allem, wenn Sie den Eindruck haben, dass alle anderen zu wissen scheinen, was sie tun müssen – nur Sie nicht. Nehmen Sie deshalb, wenn möglich, an Ringtrainingskursen teil und lassen Sie sich von erfahrenen Ausstellern Tipps geben. Im Ring sollten Sie die Anweisungen des Richters befolgen; es wird ihm sicher nicht verborgen bleiben, dass Sie und Ihr Hund Neulinge sind, und er wird Sie mit zusätzlichen Hinweisen unterstützen. Außerdem: Auch die gewieftesten Hundevorführer haben einmal klein angefangen!

fehlerlos und innerhalb einer bestimmten Zeit zu meistern. Den meisten Hunden (und auch den Besitzern) macht diese Sportart sehr viel Spaß. Wer will, kann mit dem nötigen Können und einer zuvor bestandenen Begleithundprüfung an offiziellen Agility-Wettkämpfen teilnehmen.

Obedience

Obedience ist das englische Wort für Gehorsam. Bei dieser interessanten Sportart handelt es sich also um Gehorsamswettbewerbe. Es gibt, je nach Ausbildungsstand, verschiedene Klassen. Der Hund lernt ausschließlich über positive Verstärkung eine Vielzahl von Übungen. Sie reichen von den einfachen Grundkommandos wie Sitzen, Bei-Fuß-

Gehen, Platz und Bleib-Übungen bis zu schwierigeren Steh-, Geruchsunterscheidungs- und Apportierübungen. Auch lernt der Hund, sich in verschiedene Richtungen schicken zu lassen. Wie Agility findet auch Obedience in Deutschland immer mehr Anhänger.

Die Fédération Cynologique Internationale

Die Fédération Cynologique Internationale (FCI) wurde 1911 gegründet. Sie ist der Weltdachverband der international anerkannten Rassehundzuchtverbände. Diese Organisation erlässt für die ihr angegliederten Verbände der verschiedenen Länder die Rahmenbestimmungen für Zucht, Prüfungs- und Schauwesen reinrassiger Hunde. Obwohl ursprünglich nur vier europäische Nationen der FCI angehörten, nämlich Frankreich, Holland, Österreich und Belgien (hier ist auch der Sitz der FCI), umfasst diese Organisation heute viele Länder auf allen Kontinenten und erkennt über 300 Hunderassen offiziell als reinrassig an. Drei Titel werden von der FCI vergeben. Der wertvollste davon ist der Internationale Champion. Für den Titel Internationaler Schönheitschampion sind Anwartschaften in verschiedenen Ländern Voraussetzung. Der dritte ist der Titel Internationaler Arbeitschampion, für den verschiedene Leistungsprüfungen in verschiedenen Ländern bestanden werden müssen. Welche Prüfungen dafür in Frage kommen, hängt von der Rasse ab.

Die größte FCI-Veranstaltung ist die Welthundeausstellung, die einmal jährlich stattfindet und jedes Mal von einem anderen Land ausgerichtet wird. Das veranstaltende Land legt die Bewertungsrichtlinien fest. Gerichtet wird aber immer nach den Standards der Ursprungsländer der einzelnen Rassen.

Die Rassen sind von der FCI in zehn sogenannte Gruppen eingeteilt. Auf der Welthundeausstellung gibt es für jede Rasse die folgenden „Klassen":

Jüngstenklasse (6–9 Monate), Jugendklasse (9–18 Monate), Offene Klasse (ab 15 Monate) und die Champion-Klasse. Vergeben werden die Bewertungen Vorzüglich, Sehr gut, Gut, Genügend, Nicht genügend. Die Jüngsten können ein Vielversprechend, ein Versprechend oder ein Wenig versprechend erreichen. Die ersten vier jeder Klasse werden platziert. Nachdem alle Geschlechter und Klassen gerichtet sind, wird der Beste der Rasse (BOB) ermittelt. Daneben werden auch noch spezielle Gruppen und Klassen gezeigt. Jeder Aussteller erhält vom Richter einen ausführlichen Richterbericht.

Außer auf der Welthundeausstellung können Sie Ihren Hund auch noch auf vielen verschiedenen Shows im gesamten In- und Ausland zeigen und bewerten lassen.

Ein Zwergschnauzer posiert für das Siegerfoto, nachdem er in den Niederlanden Best in Show wurde.

Register

Seitenzahlen in **Fettdruck** stehen für Abbildungen.

Mein Zwergschnauzer

Hier ist Platz für Ihr erstes Welpenfoto!

Name des Hundes _____

Datum _____ **Fotograf** _____